— **일본 군부의 비밀문서**

일본군 위안부 성노예 유괴·연행

— 일본 군부의 비밀문서
일본군 위안부 성노예 유괴 · 연행

초판인쇄 2020년 8월 10일 인쇄
초판발행 2020년 8월 15일 발행

지은이 김문길
펴낸이 서영애
펴낸곳 대양미디어

등록일 2004년 11월 8일(제2-4058호)
서울시 중구 퇴계로45길 22-6(일호빌딩) 602호
전　화 (02)2276-0078
E-mail : dymedia@hanmail.net

값 10,000원
ISBN 979-11-6072-066-2 03900

— 일본 군부의 비밀문서

일본군 위안부 성노예 유괴·연행

저자 김문길

대양미디어

출판의 목적과 읽어 두기

1. 목 적

세계적으로 문제가 되어 있고 한일관계의 풀어야 할 것이 바로 일본군들이 저지른 위안부(성노예) 문제이다.

일본 정부는 위안소를 짓고 위안부를 데리고 간 것은 유흥업소 영업하는 자들이 한 소행이라 하고 있다. 일본 전쟁 시 일본군부와는 전혀 관계없다고 하고 있다.

일본인들도 정부가 말하는 것이 틀림없다. 보상해 줄 필요가 없다고 우겨댄다. 일부 국민은 위안소는 일본군부가 전쟁 시 지은 것이고 위안부들을 강제로 데리고 갔다고 반박하고 있는 단체도 있다. 이런 국민 가운데는 일본군 위안부들에게 사죄하고 후세들에게 역사를 바르게 가르치자고 위안부 평화소녀상을 만들어 사죄하는 행사를 하고 있다. 피해자국인 한국 국민들 가운데도 일본군 위안부는 유흥업자들의 소행이고 위안부들은 돈벌이하기 위해 간 사람들이라 위안부소녀상을 철거하라 한다. 수요일 집회 때마다 소녀상 가까운 곳에서 시위를 하고 있다. 수요일은 그야말로 위안부 소녀평화상 앞에는 전쟁 아닌 전쟁이다. 이뿐인가 위안부 관계로 국민의 이념 사상을 둘로 갈라놓고 있다.

어느 대학 여교수는 일본군 위안부는 "제국의 위안부"라 하면서 한국, 일본에서 책을 펴내어 위안부 여성들(할머니)의 가슴에 못을 박기도 했다. 일본어로 책을 펴내 유명인이 되었다. 그 여교수는 돈깨나 벌었다고 한다. 이러한 상황에서 필자는 위안부 연구에 수십 년 전부터 관심을 두고 연구해야 하겠다는 신념을 가지고 일본유학길을 택했다. 일본군 성노예 사건은 1992년에 와서 세상에 알려졌지만, 필자는 1975년 8월에 한민족의 역사를 캐내기 위해 일본에 갔다. 일본 유학 생활 얼마 안 되어서 영부인 육 여사 시해 사건도 일어났고 파란 많은 생활 속에 위안부에 관한 문서를 찾기 시작했다. 그동안 독도는 한국 땅 문서 임진왜란 시 전리품으로 가져간 조선인 귀 무덤, 코 무덤도 연구했다. 작년까지 다섯 곳이나 있는 것을 찾았다. 오카야마 코 무덤은 몇 년 전에 한국으로 이양해 오기도 했다. 이뿐만 아니라 일본에 있는 우리 문화재연구도 하고 있다. 지난 몇 년 전에 충남 부석사 불상이 도난당해 왔지만 돌려줘야 한다는 국민의 청원에 도난당해 온 불상은 부석사의 소유권을 주장하고 재판을 걸었다. 그때 필자는 도난당해온 과정을 연구한 논문을 제시하면서 증인석에 가서 증언도 했다. 대전지방법원에서 부석사의 것으로 돌려주라는 판결도 봤다.

잃어버린 한민족의 얼을 찾는 것이 목적인 교수가 되었다.

일본군 위안부들의 입으로 증언하는 것은 객관성 문제로 누구라도 믿기 힘들다. 진실로 이야기해야 한다. 일본군부가 만든 문서를 입수하여 이번에 출판하게 되었다.

2. 읽어 두기

군부가 발간한 문서에 이름들은 매직으로 지워져 있다. 인권문제로 지운 것이다. 문서 중에 장수가 많은 것은 필요한 부분만 제시했다. 간혹 보이지 않은 글자도 있어 필자가 판단해서 정확하게 번역했다. 우리말로 쉽게 번역하기 위해 요점만 이야기했다.

이 문서의 출처는 재단법인 여성을 위한 아시아평화국민기금정부조사 『종군위안부 관계자료 집성』, 일본군 위안부 문제해결 전국행동 『일본군 위안부 문제자료 21선』 김부자 외 『위안부 전시성 폭력의 실태1 일본 대만 조선』 이토다카시 『평양에서 고발』 일본 국공사립 대학 도서관, 국공립 도서관에 있는 사료를 찾아 조사한 것이다.

이번에도 출판을 맡아주신 대양미디어 대표님께 감사와 편집해주신 분에게 감사드리는 바이다.

대양미디어는 아주 친절하고 출판의 기술이 너무 훌륭해서 『독도는 한국 땅 대마도는 조선 땅』, 『과학과 종교』 등 여러 차례 출판하게 되어 더욱 감사함을 드린다.

위안부(성노예)를
연행하여 갔다는
일본 군부의 문서

画　カットシーン映画史

1. 일본군 위안부

일본 군부가 위안소를 짓고 강제로 연행한 문서가 있는데도 불구하고 일본 정부는 관련하지 않았다고 발뺌을 하고 있다. 일본 정부가 만든 서류(문서)를 찾아내어 발표한다. 영토문제, 위안부 문제는 일본 정부의 문서를 가지고 정확히 이야기하여야 한다. 그렇게 해야만 일본인들의 말을 막을 수 있다. 우리나라에서 발간된 사료라던가 위안부 할머니들의 말을 듣지 않으려 한다.

2. 위안부소는 일본 군부가 만든 것이다

1) 일본 군의관 하야오 도라오(早尾虎雄) 보고서에서 본 위안부소

1937년 7월 7일 만주사변의 계기로 중일전쟁이 터졌다. 중일전쟁이야말로 전초기지로 하여 세계 전쟁의 기틀을 잡은 것으로 무엇보다 식민지 국가의 국민까지 정신을 빼앗기 위해 모국어 사용금지, 창씨개명, 내선일체(內鮮一體)를 강조했다. 일본국민의 정신교육을 함양하는 야마토 정신(大和精神)을 국시로 삼고 전쟁을 시작했기 때문에 승리로 가는 듯했으나 일선에서 싸우는 군인들의 정신교육을 시키는 데는 한계가 있었다. 살벌한 전장(戰場)이라 탈영하여 살해, 방화, 폭행을 일삼고 전쟁을 치르는데 정신무장을 하지 않았다. 치안은 말이 아니었고, 군인들의 사기는 떨어질 때까지 떨어졌다. 전쟁을 치를 수 없을 정도였다. 이때 군 지휘관이 군인들의 사기를 돕고 치안을 잡기 위해 각 부대에 위안부소를 두도록 했다. 1938년 1월 12일 상해 야전부대에 군 위안부소를 두게 되었다. 이 사실은 한국에서는 처음 문서를 필자가 입수했다.

위안소를 지은 경위를 보면 소화(昭和) 14년(1939년) 6월에 군의관 하야오 도라오(早尾虎雄) 대위가 작성한 보고서 문서이다. 하야오는 카네자와 대학(金澤大學) 의학부를 졸업하고 학도병으로 입대하여 상해 제일병첨부대 군의관으로 근무하면서 당시 일본 군인들의 동향을 연구하는 전장(戰場)심리연구소에서도 일을 했다. 그가 쓴 문서에는 "전장에 있어서 특수현상과 그 대책"이라는 보고서가 있다. 제2차 세계 전쟁을 앞두고 치열한 전투가 동아시아까지 치열했다. 글 내용을 보면 "전장에 나아가는 병사들이 성욕을 오랫동안 억제하면 자발적으로 중국 부인들에게 성폭행을 하게 된다. 실제 어떤 병사는 술에 취해 중국 여성(41세) 집에 침입해 성폭행 한 적이 있다.

또는 6세 소녀들까지 마구잡이 성폭행했다. 성폭행 시 전쟁에 사용하는 총으로 위협해서 만행을 저질렀다. 성폭행을 하면 황군(皇軍)의 이미지가 추락하게 되니 황군의 위신을 세우기 위해 부대 내에 위안소를 세웠고, 군인들의 사기를 돕기 위해 위안부소를 차려놓았다. 하야오 군의관이 말하는 바와 같이 위안부소는 황군의 위신과 군인들의 사기를 돕기 위해 군부가 세운 것이라는 명백한 문서이다.(그림 1 줄 친 곳)

일본 군인들의 사기를 돕기 위한 방패로 군 위안소를 짓고 여성들을 공용하고 성병이 문란할 시는 여성 성병을 방지하도록 야전병원

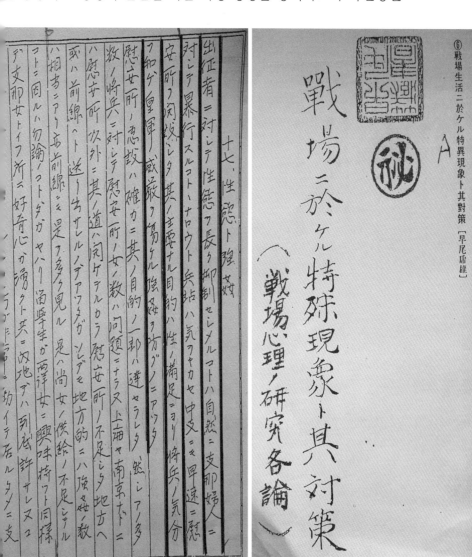

그림 1. 하야오가 군 최고기관에 올린 문서 1

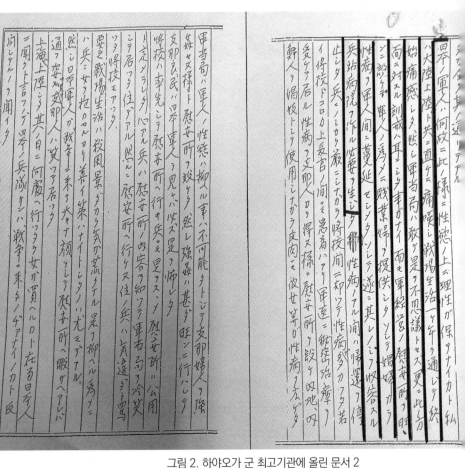

그림 2. 하야오가 군 최고기관에 올린 문서 2

도 조속히 지어야 한다고 제안했다.

　이런 사료는 후술하겠지만 여성을 위한 아시아 평화국민모금편 『종군위안부관계자료집성』 제2권에 수록되어 있다(p.66-73).

　그림 2의 줄 친 부분을 보면 일본 군인이 성욕에 이성을 잃고 있는 것을 내가 대륙에 건너와서 1개월 못 되어서 직감했다. 군 당국

은 이런 사실을 모르고 있고 이상히 여기지도 않고 있었다. 위안소가 있으니 자연 성병도 생기고 군 야전부대 여성에 관한 성병 치료소 병원도 지어졌다(p.72-73).

필자가 이 문서를 입수하고 문서를 취급한 기관을 조사한 적이 있다. 전쟁 시 위안부소가 있었고, 일본 군부가 조선인을 비롯한 동남아 여성들을 연행하여 만행을 저질렀다는 사실이 세상에 알려짐에 정부는 전쟁 시 군부대 위안부소를 설치하여 어떻게 여성들을 연행해가서 성폭행했는지 사실을 조사하라는 연구프로젝트를 민간업자들에게 주었다. 민간업자 중에서도 우익성이 있는 자들이 뽑혀 "재단법인 여성을 위한 아시아평화국민기금 위안부 관계 자료위원회"를 조직했다. 위원회에서는 1991년 12월부터 1992년 6월까지 위안부에 관한 사료를 수집하기 시작하였다. 6개월간 조사하여 결과물을 "종군위안부 관계자료 집성" 1권부터 5권까지를 대월서점(大月書店)에서 출간했다. 조사한 사료는 정부 문서보관소, 국회도서관, 방위청 사료관, 각 대학 문서사료관을 중심으로 조사한 것이다. 260여권의 원본서류를 비롯하여 사진 등 많은 양이 담긴 조사보고서였다. 조사보고서 제2권 59페이지부터 75페이지의 줄 친 부분을 보면 위안부소는 황군의 권위와 군인들의 사기를 돕기 위해 위안부소를 군부가 만들었다고 기록하고 있다.

初め集められた慰安婦のうち朝鮮人女性には性病経験者なく健康体
が多かったため　強制的に朝鮮半島から若い女性を集めてくるよう
になり　悲劇も多かった　写真は検診にむかう到着直後の朝鮮女性

그림 3. 상해 최초 위안소에 끌려 온 조선 여인들

　이 사진은 중국 상해에 양가택이란 곳에 최초 일본군 위안소 제1
호이다.

　앞에서 말한 군의관 하야오가 천황의 군인들 사기를 돕기 위해 지
은 최초의 위안소이다 "처음 모집한 위안부들은 조선 여성들이다.
성병이 없고 남자 경험이 없는 건강한 여자들이다. 강제적으로 끌고
온 조선반도 젊은 여성 사진이다. 끌려와서 신체검사를 받으러 가
는 모습. 이들은 도착 직후 사진이다. 조선 여성들의 고생이 많았다
고 일본 마이니치 신문이 발간한 『1억 인의 소화사 불허가사진사』
p.62에서 말하고 있다.

4. 『일본 마이니찌 1억인 소화사 불허가사진사』 상해 양가택에 세워진 일본군 위안소 조선 여인들

　13년 1월에 상해 양가택이란 곳에 군 직영의 위안소 1호를 짓고 작은 방들이 즐비하게 지은 긴 건물이다. 군인이 위안소에 들어가기 위해 표를 받아 대기하고 있는 모습이다. 허가받은 시간은 30분이다. 위안소는 수개월 간 군이 직접 운영해서 민간인 업자에게 넘겨주었다.

　상해 최초로 세워진 위안소는 나중에 민간업자들에게 넘겨준 것으로 되어 있다.

　다시 말해서 위안소는 군이 직접 운영하는 것이 있고, 민간인이 운영하는 유흥업소가 있는 것으로 판단된다.

　일본 정부가 말하는 위안소는 민간인이 한 업종의 하나인 유흥업소가 있고, 군이 운영한 위안소가 있었다는 것을 알 수 있다.(일본 마이니치 1억인 소화사 불허가사진사 p.62-63.)

3. 1억인(億人)의 소화사(昭和史) 불허가사진사(不許可寫眞史)

그림 5. 1억인의 소화사 불허가사진사 발췌

1) 일본육군이 개설한 위안소

이 사진첩을 발간한 이유를 몇 가지 들어 설명해 놓았다. 이유는 전쟁 시 종군 기자들이 전장(戰場)에서 찍은 사진을 몰래 숨겨 들어와서 해방되어도 사진을 공개할 수가 없었고, 그동안 숨겨온 사진을 이번에 공개한다. 일본 군부가 저지른 사실을 내놓게 되었다고 했다. 사진 한장 한장마다 불허가 사진이라는 도장이 찍혀있다. 공개 못 하게 되어있으나 마이니치 신문이 허락해서 사진집이 나왔다고 한다. 62페이지에서 63페이지를 보면 "일본육군이 개설한 위안소"란 제목이 있다. 위안부소를 설명하기를 1938년 1월 13일 상해 양가택(楊家宅)에 병첨부대가 최초로 위안소를 지었다. 위안소로서는 제1호이다. 아래 사진에서 보듯이 "성전대권의 용사대환영"(聖戰大捲의 勇士大歡迎)이라는 간판이 정문 오른쪽에 걸려 있다. "거룩한 전쟁의 대세를 가진 용사들을 환영"한다는 의미이다. 러일전쟁으로부터 일본은 전쟁을 치르는 것은 하느님이 주신 전쟁이고 전쟁에 나가는 자는 성인(聖人)이라 했다. 한일합병과 식민지 통치는 하느님이 주신 선물이라 했다. 이런 생각은 일본 군부만 생각했던 것이 아니라 범종교인들도 주장하고 헌금을 거두어 일선에 보내기도 했다. 한일강제합병 당시 우리나라 지식인들도 같은 생각을 했다.(졸저 : 『근대일본 기독교와 조선 ―에비나 단죠의 사상과 행동―』 동경 명석출판 1998 참조)

왼쪽 간판에는 "신심봉대화무자(身心棒大和撫子)의 서비스"라 쓰여 있다. 번역하면 "몸과 마음을 함께 바치는 일본의 마이코의 서비스"란 뜻이다. 마이코는 당시 일본 군인들이 붙인 '조선 위안부를 비롯한 위안부의 명칭'이라는 말이다. 당시 군인들이 조선 마이코가 있어서 전쟁을 치렀다. 즐겁다 했고, 죽어도 '마이코 마이코' 하면서 사격을 했다고 한다. 이뿐만 아니라 불허가 사진집 위안부 설명에 이런 말이 있다. 일본말로 "세계 전쟁사 가운데 일본 군인들이 위안부들을 끌고 온 것은 일본 군부도 부끄러운 일이었다" 하고 특히, "조선 여인들이 미인이었고, 주로 16세 소녀들, 순수한 여성이고 남자 경험이 없는 자들이다. 조선 마이코(조선 여인들의 명칭)는 대인기였다. 상해에 일본 군부대가 여러 곳 있었다. 위안부 여성만 8만 인이 있었다. 일본군인 40명당 위안부 한 사람씩 조직되어 있었다"라고 했다.

그림 6. 일본육군이 개설한 위안소

마이니치 신문사가 발행한 1억 인의 소와사에도 위안소가 먼저 생긴 곳은 중국 상해(1938년 1월)이다. 중국 상해 양가택이란 곳이다. 위 사진을 보면 일본군 직할 업체 1호라 했다. 직할 영이란 군부가 직접 운영했다는 것이다. 전체 큰 건물에 작은 위안부들의 방이 수십 개나 있었다. 군인들이 너무 많이 한꺼번에 들어오다가 보니 먼저 오는 자 순서대로 번호를 타서 대기 했다고 한다. 상해 제1호 위안소는 군부대가 이동함에 빈집이라 나중에 일본인이 유흥업소로 영업했다. 지금도 건물은 남아있다고 하지만 조사할 필요가 있다. 있다면은 후세에 교육장으로 만들어야 한다.

일본 정부는 민간업자들이 위안소를 짓고 조선 여성들이 돈벌이하러 갔다고 하지만 일본 유력한 신문 마이니치 신문이 일본군이 위안소를 지었다.
일본 총리는 이제 꼼작 못하겠네.

4. 위안부를 연행해오라는 군부의 문서 입수

일본 정부는 위안부, 위안소가 유흥업자들의 영업행위에 있었다고 한다. 그러나 일본 군부가 위안부를 모집할 때 연행(連行)하였다는 문서를 필자가 입수하였다.

소화 15년 6월 27일 자의 문서이다. 군부대는 중국 엔다(鹽田) 하야시(林) 부대 부대장 하야시 요시히데(林義秀)가 발급한 문서이다. 이 문서는 증명서이다. 이 증명서는 연행한 자의 자격증이다. 연행해가는 자의 사진도 붙이게 되어 있다. 연행해 간 자의 나이는 22세 젊은 사람이다. 내용은 '당 사람(연행해가는 자)은 부대 부속 위안소에 경영자로 위안부를 연행하여 귀대(歸隊)하라. 위안부는 당 부대의 위안에 꼭 필요한 것이니 도항에 제반 편리를 봐주기를 증명함이라'라고 되어

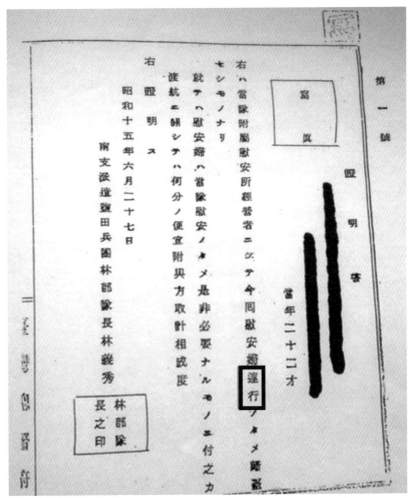

그림 7. 위안부를 연행해오라는 문서(여성을 위한 아시아평화국민기금편 『종군위안부관계 자료집성 ① p.152』

있다. 직인도 하야시 부대장으로 되어 있다. 이런 문서가 있는데도 일본 정부는 민간업자들의 행위라 주장하고 있다.

더 구체적으로 번역해 보면

문서 제1호

영수증

사진

연령 22세

우는 당 부대 부속 위안소 경영자로서 이번에 위안부 연행해서 오도록 할 것

나가서 위안부는 당 부대에 위안을 하기 위해 꼭 필요한 것이니 도해하는데 제반 편리를 봐주기 바란다.

소 15년 6월 27일

지나(중국) 파견부대장 하야시 요시히데 직인

다시 말해서 위안부소를 최초로 짓고 제1호로 위안부를 연행해오라는 문서로써 엔다 지역의 부대장 하야시 요시히데의 문서이다. 위안부는 연행해갔다는 위안부 할머니의 말이 맞는다는 것이다.

바로 죄수처럼 연행해갔다고? 조선 여인으로 태어난 것이 죄인인가?
이래도 자발적으로 돈벌이하러 갔다고? 참말로 환장하겠네!

5. 위안부 모집은 최초 일본 군부와 외무성이 맡은 것

이 문서는 상해 일본 총영사 다지마 슈헤이가 나가사키 수상경찰서장 가토카와 스케에게 보낸 의뢰장이다. 날짜는 1937년 12월 21일이다. 상해 위안소 개설 15일 전에 군부와 외무성이 모집에 들어갔다.

이 문서에 영사관은 위안부를 모집해서 상해로 입국할 때 출입관리 서류를 맡았고 관할 헌병대는 현지에서 위안부를 상해까지 수송일을 맡았다. 무관들은 현지에 도착한 위안부가 생활할 수 있도록 위안소 일을 맡은 것이다. 상해 영사관은 신원수속을 하고 규정에 맞도록 준수했다는 것.

— 준수 규정하기 —

영사관

가. 업무출원자에 허불(許不) 결정

나. 위안부의 신원 또는 업무에 대하여 계약 수속

다. 도항 상에 관하여 편리 공허

라. 영업주 부녀자의 신원 조회 담당

마. 도착 후 헌병대 인계

헌병대

가. 영사관에서 인수받은 부녀자들 수송

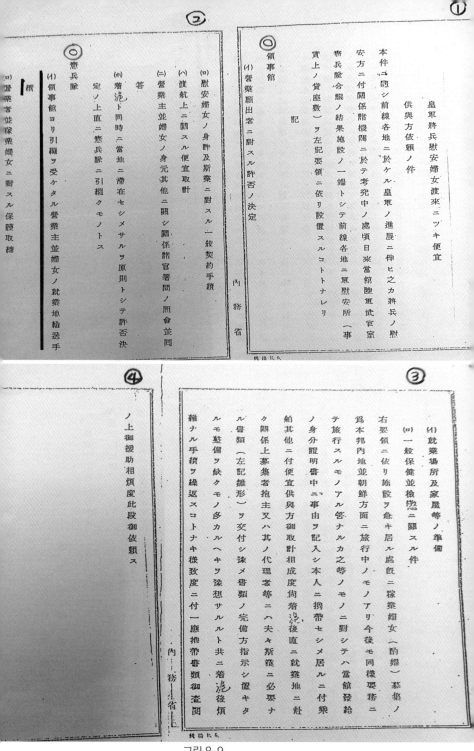

그림 8·9.

무관실

가. 취업 장소 또는 가옥준비

나. 보건에 관한 것 위생관리

상기 규정으로 부녀자 모집을 일본국 조선지역 다닐 때 육군이 준 신분증으로 다니라고 되어 있다.

(위안부자료집성 제1권 여성을 위한 아시아평화국민기금편 『종군위안부관계자료집성 ①』 p.36-39)

6. 일본군 위안부 모집에 유괴하여 연행해갔다는 문서 입수

1938년 1월 상해에 일본군 위안부소를 개설하고 모집할 때 여성들을 유괴하여 연행한 사실의 문서가 입수되었다. 이 문서는 1997년 3월 24일에 발간한 정부가 조사한 「종군위안부관계자료집성(27페이지)」에 있다.

당시 무라야마 도미이치(村山富市) 집권 시대라 할 수 있다.

문서를 보면

형(刑) 제303호

소화 12년 2월 7일(소화 12년이 아니고 13년이다. 일본군 위안부 관계자료 21선 p.27 참조)

보낸이 : 와카야마 현지사(和山縣知事 : 경찰부장)

받은 사람 : 내무성 경보국장 전

제목 : 시국을 이용해 부녀 유괴사건에 관한 것

내용 : 와카야마 다나베(田邊) 경찰서에서 와카야마현 내 유괴사건이 발생하여 조사한 상황을 좌기(左記)와 같이 기록함(현내는 참고하여 발생 조사에 착수함).

— 기 —

사건을 조사한 상황

소화 13년(1938년) 1월 6일 4시경 와카야마현 내 다나베쵸 오지 칸나코 하마토리(田邊町大字神子 濱通) 속칭 후미사토(文里) 음식 상가에 3명의 거동이 좋지 못한 남자가 두루 다니고 있는 것을 보고 심문해 보니 남자가 하는 말이 이상하게 생각할 것 없다. 군부로부터 명령받아 상해 황군(皇軍) 위안소에 보낼 잡부를 모집하러 왔다. 3,000명을 데리고 오라 하는데 지금까지 70명만 소화 13년 1월 3일에 육군 군함에 실려 나가사키 항에 헌병들의 보호 하에 상해에 보냈다고 진술했다.

정보계 순경이 조사해 보니 접대부를 상해에 보낼 때 모집방법은 무지한 부녀자께 임금도 좋고 군인들 위문하는 것이고 의식주는 군이 지불한다고 유괴(誘拐)하는 방법으로 모집했다.

"위안부를 모집한 세 사람은 오사카(大阪)에 사는 사가(佐賀) 씨, 카나쟈와(金澤) 씨, 카이난(海南) 시 소개업자 히라다(平田) 씨였다."로 되어 있다. 이 문서를 볼 때 지금 아베 정권이 말하는 허위인 것에 증거가 되는 것이다. 아베는 일본 군부와는 아무 관계가 없다. 다만 유흥업자들의 행위라고 말하는데 군부가 직접 유괴해서라도 강제로 데리고 오라는 문서이다. 이 문서가 위안부 할머니들의 이야기가 맞는 말이다. 팩트적인 사실이다. 이 사료 외에 조선에서도 유괴했다는 문서가 있다.

일본 각 지역에도 이렇게 유괴한 사실이 드러났다. 군부가 먼저 외무부로 연락하고 외무부는 각 지역 현, 시, 도(島)의 행정장들은 미처 몰라 치안 본부로 연락하는 사건이 터지고 말았다. 위안부를 연행하는 자들은 모두가 피의자로 여기고 고발당한 사실이다.

조선에서도 이런 방법으로 모집했다.

연행해 갈 때 유괴해서 연행했다고? 갈수록 악독한 행위이다.

寫
⑤時局利用婦女誘拐被疑事件ニ關スル件 [和歌山県知事]（昭13・2・7）

〔昭和十二年二月七日は十三年二月七日の間違い〕

刊第三〇三號

昭和十二年二月七日

和歌山縣知事

（警察部長）

內務省警保局長　殿

（縣下各警察署長殿）

時局利用婦女誘拐被疑事件ニ關スル件

當縣下田邊警察署ニ於テ標記事件發生之力取調狀況左記ノ通ニ

有之候條此段及申報候也

（一）縣下ハ參考ノ上取締ニ資スルト共ニ爾後同樣犯罪アリタル

場合ハ搜査着手前報告セラルベシ

規拾1:5.

그림 10. 조선에 유괴했던 문서

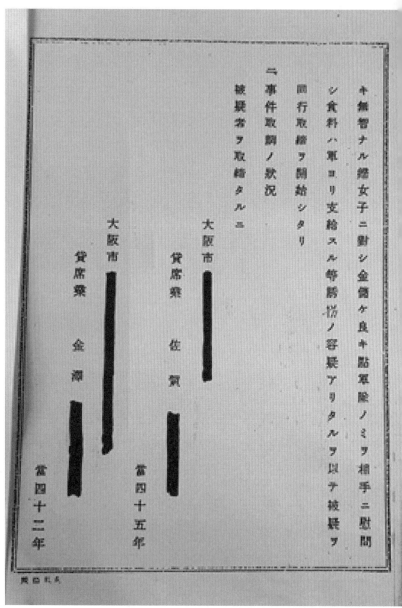

그림 11. 조선에도 유괴했던 문서 2

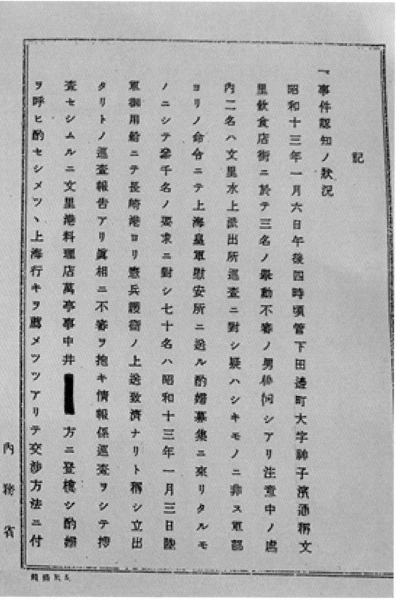

記

一 事件覺知ノ狀況

昭和十三年一月六日午後四時頃管下田邊町大字神子濱澁柿文

里飲食店街ニ於テ三名ノ擧動不審ノ男等何シアリ注意中ノ處

內二名ハ文里水上派出所巡查ニ對シ疑ハシキモノニ非ス軍部

ヨリノ命令ニテ上海裏軍財安所ニ遣ル酌婦募集ニ來リタルモ

ノニシテ總千名ノ要求ニ對シ七十名ハ昭和十三年一月三日陸

軍御用船ニテ長崎港ヨリ憲兵護衛ノ上送致濟ナリト稱シ立出

タリトノ巡查報告アリ眞相ニ不審ヲ抱キ情報保遣濟

查セシムルニ文里港料理店萬亭亭中井■■方ニ登樓シ酌婦

ヲ呼ヒ酌セシメツヽ上海行キヲ勸メツヽアリテ交涉方法ニ付

內務省

그림 11. 조선에도 유괴했던 문서 2

7. 유괴 연행 시 황궁(천황)의 이미지를 추락하지 않도록 하라는 문서

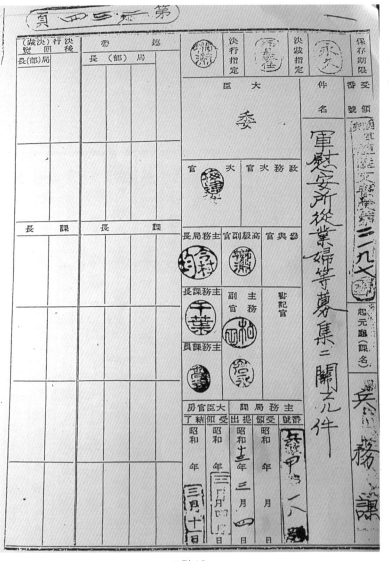

그림 12.

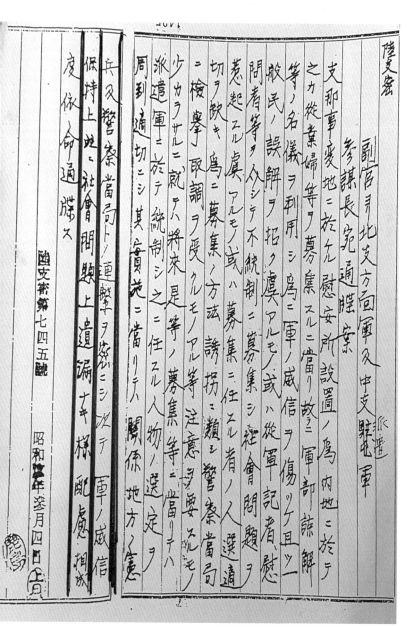

그림 12. 일본군 위안부 문제해결 전국행동 "일본국 위안부 문제사료 21선" p.39-41

앞의 내용을 보면

軍慰安所從業婦等 募集에 關한 건
육지밀(陸支密)
부관으로부터 北支方面 군 또는 中支파견 군참모장 앞 통첩안

앞의 사료의 줄 친 곳을 보면

……헌병 또는 경찰 당국과의 연번(連繁)을 비밀로 하여 나아가 군의 위신을 보존하고 아울러 사회 문제상 누설하지 않는 사람을 배려하고, 서로 도울 수 있도록 통첩한다.
육지밀 제745호
소화 13년 3월 4일

라고 되어 있다. 다시 말해서 중국에 파견된 상부 부대에서 위안부를 연행할 때 사회문제를 일으키지 않도록 미리 방지한 문서이다. 소화 13년은 1938년이다. 이 문서의 연대적으로 볼 때 일본군 위안부가 상해 야전부대에서 1938년 1월 13일 처음 창설하고 2개월 뒤에 작성한 것이다. 위안부 여성을 강제로 연행할 무렵 사회문제가 일어날 때 황군의 이미지를 보존하는 차원에서 육군성이 종군 파견 부대에 보낸 것이다. 문서 표지에 여러 사람의 도장이 찍혀있다. 일본육군 대신은 "위"(委)라 되어 있다. 각 부대에 위임한다는 뜻이고,

다음은 차관 도장, 고급부관 도장, 주무국장 도장, 주무부관 도장, 주무과장 도장, 주무과원 도장 등 여섯 사람의 도장이 날인되어 있다.

이 문서를 놓고 일본 국내외 논쟁이 치열하다. 일본 우익단체 학자들은 민간업자들이 무리하게 연행하니 군부가 나서서 통제한 것이라고 말하고 진보적인 학자들은 유괴사건이 일어나도록 군부가 깊이 관련되는 문서이고 연행에 누설되지 않도록 방지하는 문서라 팽팽하게 싸우고 있다.

신이 된 일본 천황 위신을 세우기 위해 여러 면에 신경을 쓰고 있었다.
하늘이 준 사람, 신의 아들인 일왕 위안부들은 한이 맺힌다.

8. 남양군도에 위안부소 설치 문서

일제강점기에 일본 군부가 위안소를 만들었다는 대만 총독부가 외무성에 도요코 대신에게 보낸 문서 제10호이다. 이 문서에 1942년(소화 17년 1월 10일) 대만 하츠야 외무부장이 발신한 것, 일본군 위안부는 상해에서 1938년 1월에 세우고 남양군도에도 1942년 세웠다. 위안부를 모집해야 한다는 문건이다.

번역을 해보면 남양군도 점령지에 위안소 개설에 관하여 대만 총독부 외사과 부장이 기록한 문서

제목은 점령지의 비밀 건

소화 17년 964호 1월 10일 발신

발신자 : 미네다니(蜂谷) 외사과 부장

수신 : 도코오(東鄕) 외무대신

남양 방면 점령지에 있어서 위안부소 개설

　점령지에 군부의 지시로 위안소 개설했으니 도항자를 취급하는데 무엇이든 편리를 봐주기 바람.

이라 적혀 있다.(일본군 위안부 자료집성 제1권 p.163)

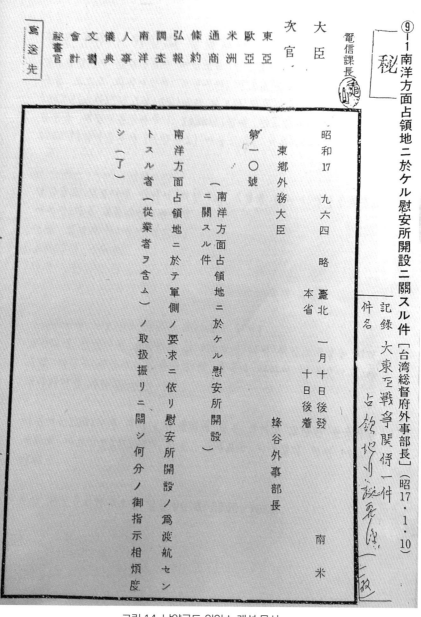

⑨−1 南洋方面占領地ニ於ケル慰安所開設ニ關スル件〔台湾総督府外事部長〕（昭17・1・10）

記錄 大東亜戰爭關係一件
件名

稅

電信課長

寫送先

大臣
次官

東亞　歐亞　米國　通商　條約　弘報　調査　南洋　人事　儀典　文書　會計　秘書官

第一〇號

東鄉外務大臣

昭和17　九六四　略　臺北　一月十日後發　本省　十日後着　蜂谷外事部長　南米

南洋方面占領地ニ於ケル慰安所開設
（ニ關スル件）

南洋方面占領地ニ於テ軍側ノ要求ニ依リ慰安所開設ノ爲渡航セントスル者（從業者ヲ含ム）ノ取扱振リニ關シ何分ノ御指示相煩度シ（丁）

그림 14. 남양군도 위안소 개설 문서

9. 위안부 50명 보르네오에 보내라는 문서

이 문서는 "대만에 있는 일본 군부대 장이 육군대신(육군 최고 지휘관) 앞으로 보낸 문서이다. 문서 번호는 대만 제602호이고 소화 17년 3월 13일 육군성장관 확인 다시 육군 성 담당자의 행정 도장이 찍혀 있다. 내용은 육군 전 제63호에 관해 보르네오에 대만 여성을 50명 보내라는 현지 총사령관의 요구이다. 육군 비밀 통신 623호에 의하여 헌병이 선정한 경영자 3명을 신청한다고 기록, 선정자의 이름이 세 사람 되어 있다."

육군 비밀문서 63호가 위안부를 조직했던 문서이고 강제 연행하도록 623호 있다는 것이다.

이 문서는 대만 본토인을 연행해오도록 한 것이지만 조선의 여성들도 똑같은 육군비밀문서 규정에 연행한 것으로 안다.

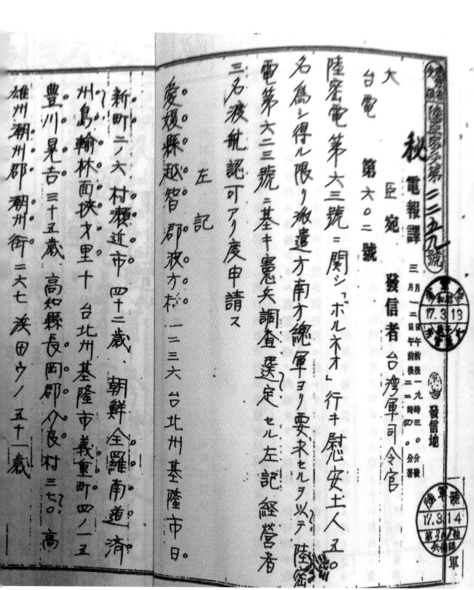

陸軍省受領 三五九號

秘 電報譯

大
台電　第六〇二號

臣　宛　　發信者　台灣軍司令官

陸密電第六三號ニ關シ「ボルネオ」行キ慰安土人五〇
名爲シ得ル限リ派遣方南方總軍ヨリ要求セルヲ以テ陸密
電第六三號ニ基キ憲兵調査選定セル左記經營者
三名渡航認可アリ度申請ス

　　左記

愛媛縣越智郡波方村　一二三六　台北州基隆市日。

新町二大　村瀨近市　四十二歳、　朝鮮全羅南道濟
州島榆林面挾才里十　台北州基隆市義重町四一五
豊川晃吉　三十五歳、　高知縣長岡郡介良村三七〇　高
雄州潮州郡潮州街二六七　溪田ウノ　五十一歳

그림 15. 보르네오 대만 여성 50명 보낸 문서(일본군 위안부 관계자료 21선 p.50, p.51)

10. 위안부 50명을 보냈으나 부족하니 20명을 더 보내라는 군부의 문서

밀전(密電) 2259호

남방파견 도항자에 관한 건

密電報 6월13일 오전 11시 15분

臺電 제935호

본년도 3월 臺電 제602호 신청 陸亞密第 118號인가에 의해 보르네오에 파견한 특정 위안부 50명에 관하여 현지 도착했음. 실제 20명이 더 필요하니 오카부대(岡部隊)가 발급한 증명서를 휴대하여 대만에 데리고 오기 바란다. 앞으로도 더 필요시 필요한 절차에 따라 잘 처리하도록 부탁

이라고 적힌 문서이다.

이 문서를 발급한 부대는 대만주둔 일본야전부대이다. 주소는 마지막에 기록된 바와 같이 臺灣國 基隆市新町 2-6에 있는 오카부대가 군 위안부를 모집한 것이다. 모집한 위안부를 다시 보르네오부대에 보냈다는 문서이다. 이 문서를 발급한 자의 이름은 기재되지 않았지만, 일본 연구자들과 조사도 했다.

필자와 같이 일본인 중 '독도는 조선 땅이다' 하고 죽도의 날을 반대하는 이들 중에 책임자인 구보이 노리오(久保井規夫) 교수가 이 문서를 탐독했다. 당시 대만 참모장은 츠찌구찌 게이시치료(樋口敬七郎)가 육군성 차관 기무라 헤이타로(木村平太郎)에게 보낸 전보였다. 검은 사

인펜으로 지운 것에 이름은 보르네오 위안부소를 경영하는 무라세 찌가이찌(村瀬近一)라는 것을 알았다. 이 문서의 내용을 볼 때 일본 군부의 최고 자리에 있는 자로부터 조직적으로 군 위안부를 연행한 사실이 있는 것이다. 이러한 문서들이 있는데도 불구하고 일본 정부는 위안부는 민간업자들의 소행이고, 조선 위안부들은 직업여성이라 할 수 있을까? 이 문서를 우리 정부가 입수해서 한일 외교협의회의 때 제시해야 할 것이다.

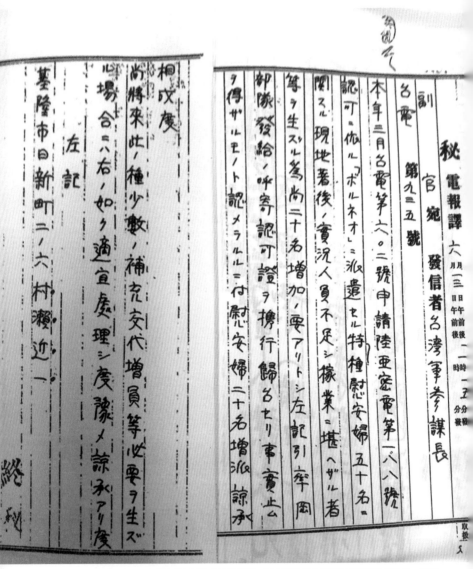

그림 16. 보르네오에 20명 더 보내라는 문서(일본군 위안부관계자료21선 p.52)

11. 일본군 위안부소는 군부가 운영, 유흥업소는
민간인이 운영, 증거문서 입수

지금까지 일본 정부는 위안부소를 짓는 일이나 위안부는 일본 정부가 한 것이 아니라 민간업자가 유흥업소(사창가)를 짓고 조선 여성들이 돈을 벌기 위해 한 짓이라 강력히 주장하고 있다. 총리대신의 말이다. 그러나 이번에 발견된 이 문서는 군부가 운영하는 위안소 외에 사창(유곽)업소에 출입을 금하라는 문서이다.

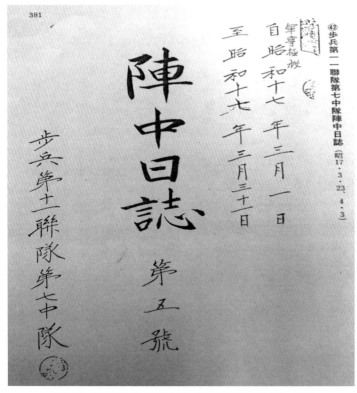

그림 17. 위안부소 외 유흥업소는 출입금지 문서가 있는 표지

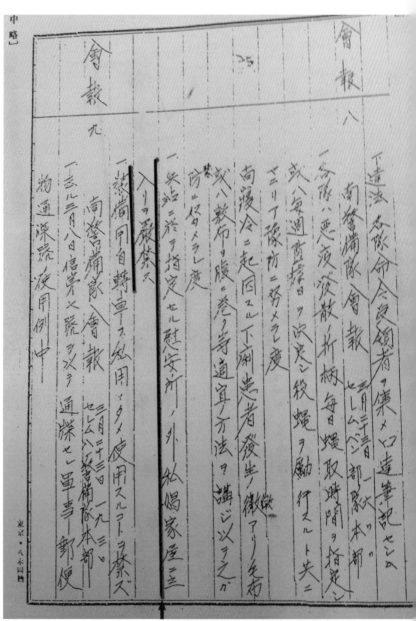

다시 말해서 군부가 지정한 위안소 외에 사창가 집 출입을 금한다.

그림 18. 위안부소 외 유흥업소는 금지하는 내용 문서(여성을 위한 아시아평화국민기금편
『종군위안부관계자료집성 ② 방위청 관계공표자료 p.383』

0625

別紙第六

通　報

於昭和十四年八月十七日　廣末

一、軍ハ最近軍慰安所以外ノ接客業者取締ニ関スル事項ヲ定メ南支参通牒第一〇二號ヲ以テ関係各部隊ニ通牒セリ其ノ中直接軍人軍属ニ関スル事項左ノ如シ

イ、女給ノ賣淫行為ハ之ヲ禁止スルト共ニ之ヲ取締リ勵行シ禁ヲ犯スモノアルトキハ營業禁止等厳重ニ處分ス

ロ、軍特種慰安所従業婦以外ノ支那娼婦ハ之ヲ厳禁ス其ノ區域内ニ集結シ軍人軍属ノ之等ニ接スルコトヲ厳禁ス就中蜑民船等ニ出入シ水上賣笑ヲ以テ日本人全般ニ對シ之ヲ厳禁ス

業婦ニ接スルコトハ危険ヲ伴フヲ以テ

친 부분에 군특종위안부종업부 외에 지나(중국) 창부는 별도로 집결하고 군인 군속들은 접촉을 하도록 했는 것.

림 19. 위안소 외 유흥업소는 출입금지(여성을 위한 아시아평화국민기금편『종군위안부관계자료집성 ② 방위청 관계공표자료 상 p.90)

문서 내용 :

"병참(兵站)에 지정한 위안소 외에 사창가(私娼家)에 들어가는 것은 금지한다"라고 되어 있다. 또한 "위안소에 출입하는 군인은 출입증(切符)을 가진 자만 출입시키고 감시를 하여 증이 없는 자는 순찰하여 신고할 것"이라 되어 있다.

이 문서는 중국에 주둔한 보병 제11연대 제7중대의 '진중일지(陣中日誌)'이다.

진중일지는 소화 17년(1942) 3월 1일부터 31일 기간 부대의 당직자 근무일지이다.

이 문서의 표지에는 '진중일지'라 크게 쓰여 있고, 군사 비밀이라 쓰여 있다. 연대장 도장도 있다.(문서출처 : 1997년 (재)여성을 위한 아시아 평화국민기금 "종군위안부 관계자료집성 2집"에 있다. 여성을 위한 재단법인체는 1992년 일본군 위안부가 있었다는 문제가 대두됨에 일본민간단체가 조직되어 정부의 지원금으로 조직한 단체이다. 이 단체는 보수적인 일본인들이다.)

김 교수가 몇 년 전부터 방대한 자료를 입수하여 늘 연구하고 있다. 모든 사료는 일본 방위청 문서실에서 나온 것이다.

김 교수 설명 : "이 자료의 가치는 상당히 높다. 지금까지 연행해 왔다는 문서도 발견 보도했지만 연행해 와서도 군부가 직접 관리했다는 것이고 군부가 만든 위안소가 있고 민간인이 만든 유흥소가 따로 있었다는 것이다. 민간인이 지은 곳은 군인들이 못 가도록 했다

는 것이다. 위안부소는 민간인이 만든 것이라고 지금까지 말하는 아베 총리의 말은 거짓말이 되는 것이다."

　일본 정부는 위안소는 민간업자들이 했다. 위안부들은 돈벌이한 사람이라 하지만 실은 이번 문서를 보면 군 위안소는 군부가 만들고 연행한 자들도 군인이 관계한 사실이 뚜렷이 나타났다. 다시 말해서 별지 문서6을 보면 각 위안소 유흥업소에 통보문서 소화 14년 8월 17일 자를 보면 "군은 최근 군 위안소 외에 접객업자 취재에 관한 사항을 정해 각 부대 통보했다. 통보문 103호에 직접 군인 군속에 관한 사항은 다음과 같다. *(줄 친 곳)*

　1. 월급을 주는 매음은 금지하고 매음에 관한 규정 영업을 금함.
　　위반자는 엄벌에 처한다.
　2. 군 특정 위안소 외에 유흥업소는 그 지정 외에 금하고 군인 군속은
　　출입을 금한다.
라고 규정을 명확히 하고 있다. 이런 규정을 군부가 만들어 위안소는 군부가 만들고 연행했다는 사실을 알 수 있다.

군부가 만든 위안소 또는 민간인이 운영한 유흥업소 따로 있는데도 이런 문서 보지 않고 있네. 일본 정부 또는 우리나라 사람 중 위안부는 업자들이 한 짓이고 위안부는 돈벌이한 자들이라 말하는 사람 이 문서 좀 보라.

12. 특종 위안소 업무규정

위안소의 규정은 엄하게 운영했다. 모리카와 부대가 규정한 문서를 보자.

1939년 11월 14일 중국에 주둔한 모리카와(森川) 부대 위안부소 규정이다. 모리카와는 부대장의 이름을 따서 붙여졌다.

이 문서는 위안부 사건이 터지고 당시 고노(河野) 수상이 전쟁 시 여성들이 위안부로 가서 고생했다고 담화 후에 방위청이 내무부 장관께 낸 문서이다.

(고바야시 외 『일본군 위안부 문제자료 21선』 p.18)

전쟁 시 일본 군인들이 주둔한 부대는 어느 나라든지 위안소가 있었다. 그중에 모리카와 부대 위안소 규정을 보면,

제2조(선을 그은 곳)를 보면 특종 위안 업소 개설 취지는 장병의 기풍 사기를 돋우고 군기 진작에 일조하기 위해 둔다고 기록.

제3조1항을 보면 경비 지역 내에 위안소를 두고 업무담당을 임명함(헌병이 담당) 제7조 출입자의 자격은 지정한 계급 외는 출입을 금한다.(군인들만 출입)

11항에 보면 위안소 외에 출입자는 연대장의 허가를 받아야 한다(연대장은 모리카와 부대장이다).

제9조 이용시간 요금은 병, 하사관, 장교 각각 요일을 두고 요금도 장교는 비싸고, 하사관, 병 차별을 두었다.

여기에 문제가 있다. 규정에는 위안소 출입 시 요금이 정해져 있

지만, 위안부들은 한 푼의 돈도 못 받았다 하니 문제이다.

위안소는 모리카와 부대뿐만 아니라 부대 내에 있었다. 제1 위안소, 제2 위안소가 있고 담당자들도 군인이다. 총책임자는 무라카미(村上) 대위이다.

이렇게 조직적으로 운영했는데도 불구하고 군인들과는 관계없다, 위안부 여성들은 돈벌이하러 갔다 할 수 있겠는가?(이하 문서는 일본군 위안부 문제 자료 21선에서 7장을 선정 발췌)

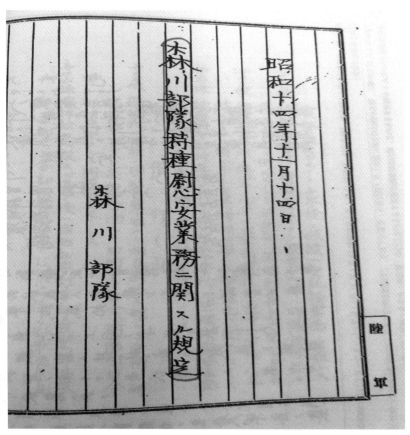

그림 20. 소화 14년 12월 14일 제정한 문서

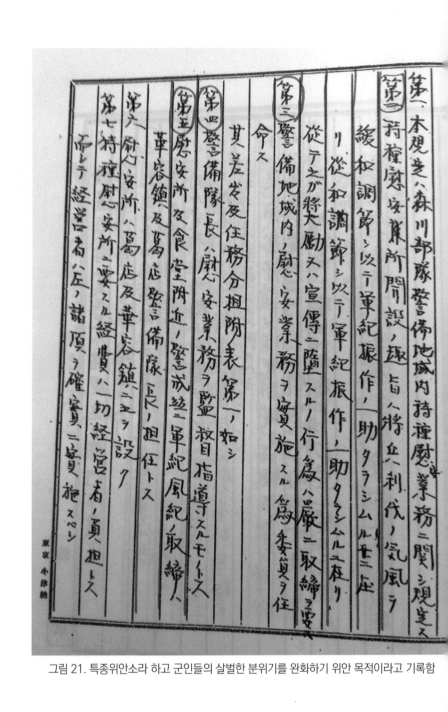

第一、本規定ハ森川部隊警備地域内特種慰安業務ニ関シ規定ス

第三、特種慰安業所開設ノ趣旨ハ将兵ノ利代ノ気風ヲ緩和調節シ以テ軍紀振作ノ一助タラシムルニ在リ

第二、警備地域内ノ慰安業務ヲ実施スル為委員ヲ任命ス
従テ之ガ将大ニ勵ミ宣傳ニ堕スルノ行為ハ厳ニ取締ヲ要
命ス
其ノ差ヲ及任務分担ハ別表第一ノ如シ

第四、警備隊長ハ慰安業務ヲ監督指導スルモノトス

第五、慰安所及食堂附近ノ警戒並ニ軍紀風紀ノ取締ハ
革容鎮及慰安警備隊長ニテ之ヲ担任トス

第六、慰安所ハ萬店及革容鎮警備隊長ノ担任トス

第七、特種慰安所ニ要スル経費ハ一切経営者ノ負担トス

而シテ経営者ハ左ノ諸項ヲ確實ニ實負施スベシ

東京 小作館

그림 21. 특종위안소라 하고 군인들의 살벌한 분위기를 완화하기 위안 목적이라고 기록함

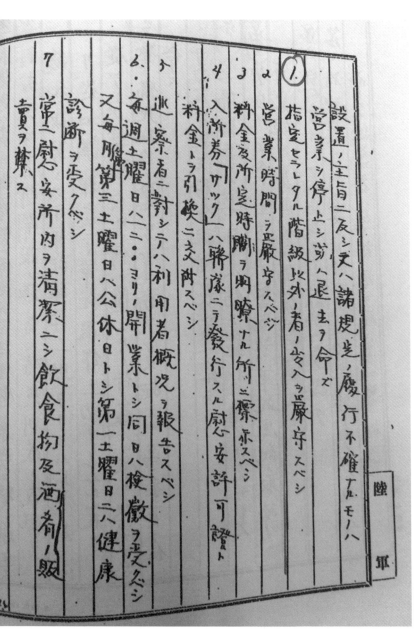

図22. 特정 군인들 외에는 출입을 금한다는 문서 유흥업소와 구별한다는 규정

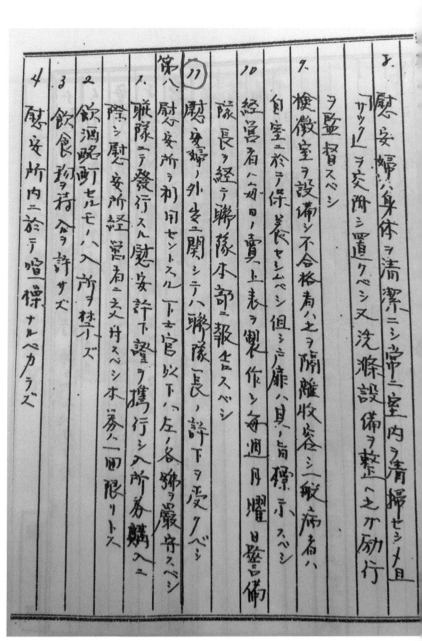

六、慰安婦ハ身體ヲ清潔ニシ常ニ室内ヲ清掃セシメ且
サック｜ヲ交附シ置クベシ又洗療設備ヲ整ヘ之カ励行
ヲ監督スベシ

七、檢徴室ヲ設備シ不合格者ハ之ヲ隔離收容シ一般病者ハ
自室ニ於テ保養セシムベシ但シ戸扉ハ其ノ旨標示スベシ

10、経營者ハ毎日ノ賣上表ヲ製作シ毎週月曜日營備
隊長ヲ経テ聯隊本部ニ報告スベシ

第八
慰安所ヲ利用セントスル下士官以下ハ左ノ各號ヲ厳守スベシ
慰安婦ノ外出ニ関シテハ聯隊長ノ許可ヲ受クベシ

一、聯隊ニテ發行スル慰安所許下證ヲ携行シ入所ヲ購入ニ
際シ慰安所經營者ニ交付スベシ本券ハ一回限リトス

2、飲酒酩酊セルモノハ入所ヲ禁ズ

3、飲食物ヲ持参シ許サズ

4、慰安所内ニ於テ喧標ナルベカラズ

그림 23. 위안부 관계 외에 출입은 허가를 받는다. 다시 말해서 위안소 출입 외에 행동은 금한다는 ₓ

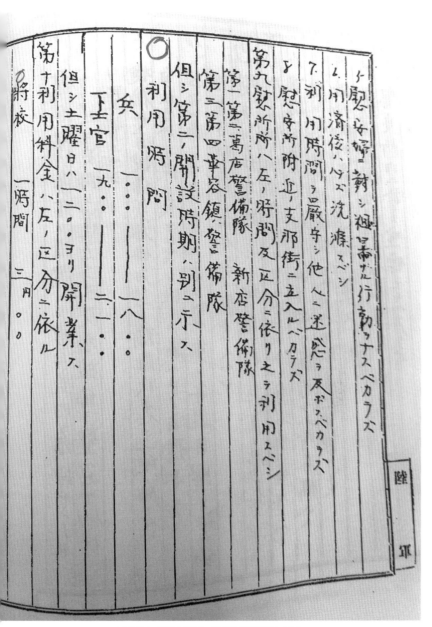

五、慰安婦ニ對シ極ハ慎ナル行動ヲナスベカラズ

六、用濟後ハ速ニ退渡スベシ

七、利用時間ヲ嚴守シ他人ニ迷惑ヲ反ボサベカラズ

八、慰安所附近ノ支那街ニ立入ルベカラズ

第九　慰安所ハ左ノ將問及区分ニ依リ之ヲ利用スベシ

第一第二　萬店警備隊　　新店警備隊

第三第四　章谷鎮警備隊

但シ第二ノ開設時期ハ別ニ示ス

利用將問

兵　　　一・・—八・・

上官　　一九・・—二一・・

但シ土曜日ハ二〇〇ヨリ開業ス

第十　利用料金ハ左ノ区分ニ依ル

將校　一將間　三円〇〇

그림 24. 이용시간을 엄하게 제한하고 있다.

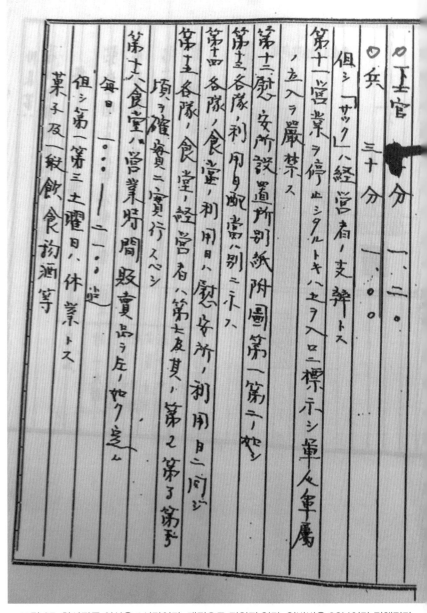

○正官　一・三〇
○兵　三十分　一・〇〇
但シ「サック」ハ経営者ノ支辨トス
第十一営業ヲ停止シタルトキハ之ヲ入ロニ標示シ單人車属ノ立入ヲ嚴禁ス
第十二慰安所設置所別紙附圖第一第二ニ依ル
第十三各隊ノ利用日ヲ配當ハ別ニ示ス
第十四各隊ノ食堂ノ利用日ハ慰安所ノ利用日ニ同シ
第十五各隊ノ食堂ノ経営者ハ第十五及其ノ第2第3第号項ヲ確保每貝ニ實行スベシ
第十六食堂ハ営業時間販賣品ヲ左ノ如ク定ム
每日　一〇〇—二〇〇迄
但シ第一第三土曜日ハ休業トス
菓子及一般飲食物酒等

그림 25. 하사관급 이상은 1시간이다. 매직으로 지워져 있다. 일반병은 30분이라 정해졌다.

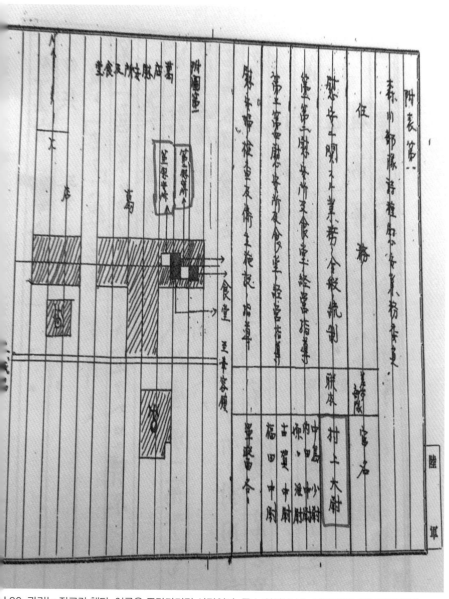

附表第一

任務	官名	聯絡宮名
森川部隊浩進慰安業務ニ關スル事項		村上大尉
慰安所開設業務ノ統制		中島少佐 約田准尉
慰安所及食堂経営指導		古屋中尉 福田中尉
慰安婦徴募及衛生指導		軍醫當命

附圖第一

堂食ト所安慰兵萬

食堂 ト軍客廳

26. 관리는 장교가 했다. 이름은 무라카미란 사람이다. 특수 위안부소는 부대 내에 있었던 것이다.
   유흥업소와 군위안부소를 구별한 규정 문서

13. 불온언동 유언비어 처벌표

경기도에서 일어난 사건

일제강점기 일본군 위안부 유괴 납치 사건이 국외 국내에서 빈번히 일어날 때 딸 가진 자는 불안에 견디기가 어려운 차에 많은 말이 각처에서 일어났다.

조선총독부 경무국보안과 『고등외사 월보 제1호』(1939년 1월~2월호)를 불온언동 유언비어 처벌표에 불온언동 또는 유언비어 요지를 보면 경기도에서 일어난 사건이다. "결혼 전 처녀들을 만주에 보내어 혈액을 채취하여 군용에 사용하기 위함이다."라는 유언비어를 누설한 사람은 충청북도 단양군 영춘동에 사는 어느 분이 딸이 있었는데 군인 헌병이 70엔의 돈을 부모에게 던져 주고 트럭에 실려 만주로 갔다. 불쌍하다는 말을 김□전(金□傳·당시 60세)이 말을 하다가 잡혀 2월 15일 제천 경찰서에서 7일간 구속되었다가 풀려나온 적이 있다.

이 문서는 경찰 총감이 관동주청 장관과 각 지방 장관에 보낸 문서이다.

사실은 당시 붙잡혀간 조선 여성들은 위안부로 간 사람들이다. 당시 목격한 사람들은 전선에 투여된 것으로 알지만 위안부로 데리고 갔다.

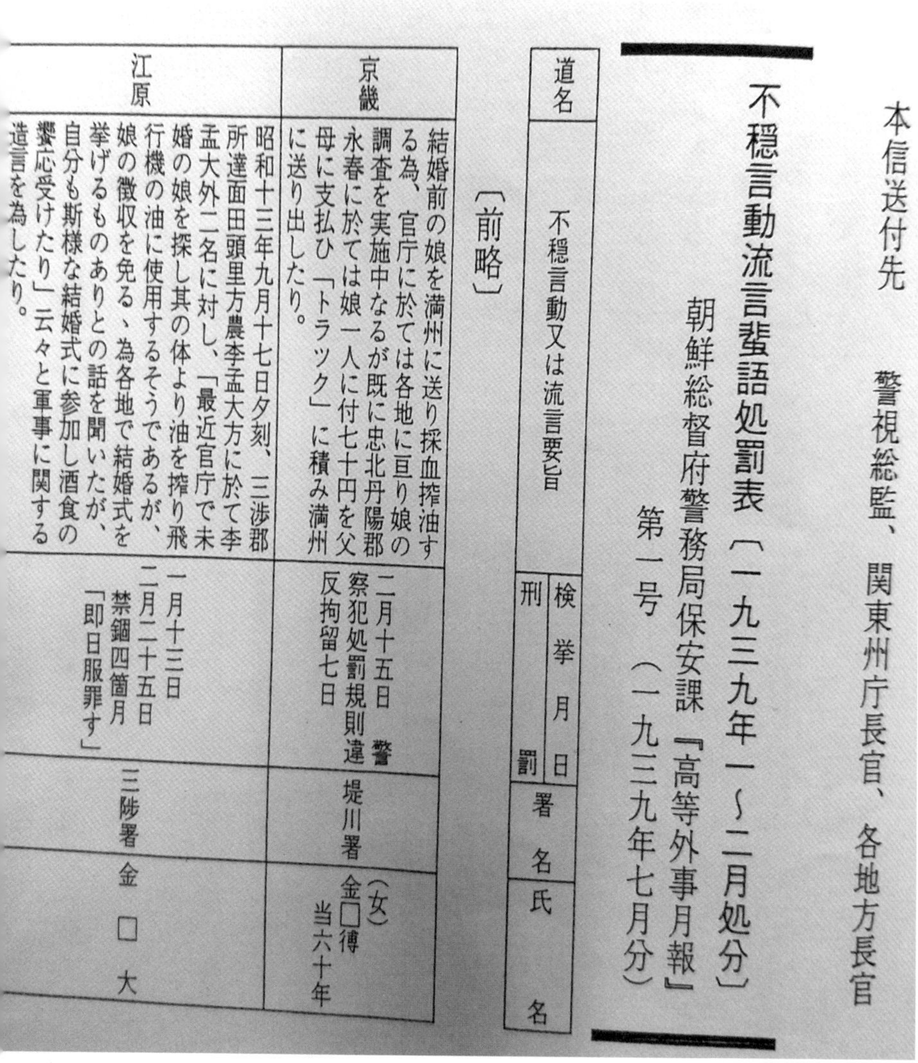

本信送付先　警視総監、関東州庁長官、各地方長官

不穏言動流言蜚語処罰表（一九三九年一〜二月処分）

朝鮮総督府警務局保安課『高等外事月報』

第一号（一九三九年七月分）

道名	不穏言動又は流言要旨	検挙月日 刑罰	署名	氏名
	〔前略〕			
京畿	結婚前の娘を満州に送り採血搾油する為、官庁に於ては各地に亘り娘の調査を実施中なるが既に忠北丹陽郡永春に於ては娘一人に付七十円を父母に支払ひ「トラック」に積み満州に送り出したり。	二月十五日 警察犯処罰規則違反拘留七日	堤川署	（女）金□傳 当六十年
江原	昭和十三年九月十七日夕刻、三渉郡所達面田頭里方農李孟大方に於て李孟大外二名に対し、「最近官庁で未婚の娘を探し其の体より油を搾り飛行機の油に使用するそうであるが、娘の徴収を免る、為各地で結婚式を挙げるものありとの話を聞いたが、自分も斯様な結婚式に参加し酒食の饗応受けたり」云々と軍事に関する造言を為したり。	一月十三日 二月二十五日 禁錮四箇月「即日服罪す」	三陟署	金□大

그림 27. 경기도, 강원도에서 일어난 사건

강원도에서 일어난 사건(그림 27 문서)

소화 13년 9월 17일 저녁 무렵에 삼척군 소달면 전두리 농가에 사는 이맹대(李孟大)란 사람이 잔칫집에 초대받아 식사하면서 요즘 관공서에서는 시골로 다니면서 처녀들을 마구 잡아가고 있다고 들은 이야기지만 처녀들을 잡아가서 일선 전쟁에 보내고 있다. 이 세상이 이렇게 해서 되겠나? 오늘 이 집의 딸도 그렇게 될까 봐 일찍 결혼을 시킨다는 이야기를 김□대(金□大) 씨가 식사 중 했던 이야기를 순사(巡警)들이 듣고 1월 13일, 2월 25일 삼척 경찰서에 연행되어 4개월간 감옥살이하고 나왔다는 것이다.

경성(서울)에서 일어난 사건

8월 28일 경성부 서대문정2정목 121번지에 사는 서만규 씨는 "제일선에 창기는 군인들과 같이 전쟁에 참가하고 있다. 실은 위험한 곳에 가는 창기는 없어야 한다."라는 말을 하다가 유언비어로 잡혀 7일간 구속된 것.

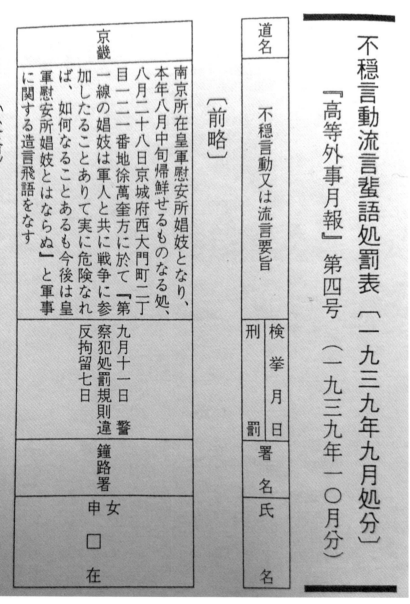

不穏言動流言蜚語処罰表 〔一九三九年九月処分〕

『高等外事月報』第四号 （一九三九年一〇月分）

道名	不穏言動又は流言要旨	検挙月日	罰	署名 氏名
京畿	〔前略〕南京所在皇軍慰安所娼妓となり、本年八月中旬帰鮮せるものなる処、八月二十八日京城府西大門町二丁目一二一番地徐萬奎方に於て「第一線の娼妓は軍人と共に戦争に参加したることありて実に危険なれば、如何なることもあり今後は皇軍慰安所娼妓とはならぬ」と軍事に関する造言飛語をなす〔後略〕	九月十一日	警察犯処罰規則違反 拘留七日	鐘路署　申□在 女

그림 28. 조선인들이 말하는 것은 불온언동 유언비어라 연행한 사료

불온언동 유언비어라 여성들을 잡아간 것은 확실한데 유언비어라 감옥에 잡아넣었다고? 이런 세상이 어디 있나. 앞으로 조사해봐야 하겠지만 처녀들을 잡아가서 피를 뽑아 전쟁에 필요한 물자로 썼다? 이것 세상이 놀랄 사실이네. 증거가 있으니 앞으로 연구해야 하겠네. 사람의 피로 비행기 연료로 쓸 수 있단 말인가? 참으로 한심한 일이다. 그리고 조선 여인들이 잡혀 일선 야전부대 위안부로, 성 노리갯감으로 쓴 것 아닌가. 사실이다. 그렇다면은 처녀들을 잡아가서 피를 뽑아 전쟁에 사용한 것도 틀림없네.

북한의 위안부
위안부소
실태 고발

북한의 위안부 위안부소 실태 고발

① 일본군 위안부 사진 한 장 세상을 놀라게 한 사실

남북이 갈려있으니 한민족의 억울함을 찾아내기가 가장 어려운 가운데 있고 국제적인 문제에 한목소리 내기가 가장 힘든 형편이다. 일본군 성노예에 있어서 북한의 사정이 어떻게 되었는지 아는 사람은 거의 없다. 수년 전에 일본 기자가 일본군 위안부 실태를 조사하러 북한에 들어가서 겨우 사정을 조사하여 일본 국내의 학자들은 알고 있고 필자도 일본 기자가 쓴 조사서를 읽고 소개하는 바이다.

1992년 박학순 할머니가 일제강점기에 일본에 끌려가서 일본군 위안부로 있었다고 폭로함으로 세상에 잔인한 역사가 드러났다. 그 후 한국, 일본, 중국에 일본군의 위안소가 있었던 것이 드러나서 모르는 사람이 없다. 세계적인 이슈 거리가 되었고 일본 정부는 위안부는 하나의 유흥업소로 위안부들은 돈벌이하러 간 것이라 주장한다. 위안부 문제는 더욱 국제화 정론으로 가고 있다. 이뿐만 아니라 한국인도 소수지만 위안부는 군부대 유흥업소이고 위안부들은 자진해서 생업에 따라갔다고 주장함으로 일본 주장에 부채질하고 있다.

위안부 문제의 간판 역할을 한 사진은 미얀마(버마) 지역 라모우(拉孟)에서 탈출한 여성 네 사람이 맨발로 처참하게 서 있고 앉아있는 모습의 사진이다.

그림 29. 임신한 위안부

    사람들이 처참하게 보고 동정을 하는 것은 오른쪽 비스듬히 기대어 있는 여성이다. 이 여인이 위안부 문제의 가장 화젯거리이고 언론에도 대표로 사용하는 사진이다.

    이 사람이 누구이고 만삭의 몸으로 불쌍하다. 이름도 모르고 만민들의 입에 오르내리고 있었다. 겨우 일본 연구자료를 통해 이 여인의 이름과 출생지를 알았다. 그 여인이 태어난 곳은 이북이고 지금도 이북에 살고 있다. 이름은 박영심(朴永心)이라고 소개되어 있다.

    2000년 11월 30일 발행한 김부자 송연옥 외『위안부, 전쟁 성폭력의 실태 1―일본 대만 조선 편―』

제9장을 보면 김영 씨가 쓴 「조선, 박영심 씨의 경우」라는 소개서가 있다. "만삭이 된 여성은 박영심이라 소개했고 박영심 씨를 만나 본인이라고 확인도 했다"라고 적고 있다.[1]

그 여인의 고향은 북한 평안남도 강서구 서이동(현 남포시 강서구)에서 태어났다고 했다. 그가 소녀 시절에 남포시에 있는 군수공장에 근로정신대로 가서 일하던 중 "모자에 빨간 테를 두르고 검은 옷을 입고 별 두 개를 단 순사(경찰)가 트럭에 억지로 태우고 평양시로 향했다. 그때가 1938년 3월이었다. 평양에서 다시 남경에 도착했다. 남경에 도착하니 이미 15명이나 되는 17, 8세 되는 조선 처녀들이 도착하고 있었다. 당시 남경(南京)은 "남경대학살 사건"이 일어나 중국인, 조선인들이 많이 죽고 분위기가 험한 지역이었다. 초조한 마음 이루 말할 수 없는 가운데 15명이나 되는 조선 여성 전부 야전 부대 18사단 위안소에 배속받았다. 위안소 이름은 '킹스이'라는 간판이 크게 걸려있었다. 박영심 씨가 배정받은 방은 2층이고 방 이름은 우다마루(歌丸)였다. 이름은 와카하루(若春)란 이름을 붙이도록 했다. 와카하루는 숫처녀란 의미이다. 킹스이 위안소는 조선 여성만 해도 수십 명이나 되고 일본 이름을 쓰고 일본어를 사용하도록 하니 어느 나라 사람인지 알 수가 없었다. 일요일 같은데는 수십 명을 상대해야 하고 말을 듣지 않을 때는 마구잡이로 때리고 군도(軍刀)에 찔려 죽은 자들이 많았다. 구타당할 때 "아이구 아이구" 하니 조선 여인이로구나 할 정도였다. 박영심 씨도 일본인 칼에 맞아 지금도 흉터가

1) 김부자 외 송연옥 『위안부 전시 성폭력의 실태1 일본 대만 조선 편』 「김영 조선 박영심 씨의 경우」(p.262-293)

남아있다고(그림 30).

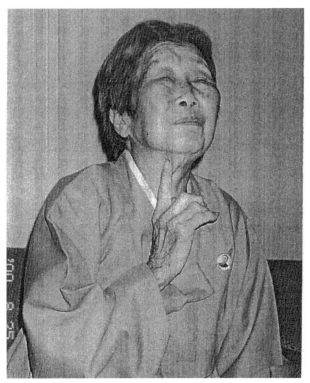
그림 30

글을 쓰는 작가에게 흉터를 보여 주고 있다. 킹스이 위안소에 조선 여성은 더욱 인간 대접도 받지 못했고 천한 인간이란 뜻에서 '조센징 피'란 용어를 사용하더라고 했다.[2]

조센징 피는 개보다 더 천한 대접을 받았고, 군인들이 콘돔을 사용하게 되어있고, 사용하도록 하면은 군도를 가지고 찔려죽은 자도

2) 상동 p.267.

많았다. 임신한 여성은 군도를 가지고 배를 째고 애를 드러내니 24세 조선 여인은 직사하기도 했다.

전쟁이 치열한 남경 18부대는 버마(미얀마) 랭군이란 곳으로 이전하게 되고 위안부도 연행되어 싱가포르에서 버마 랭군에 도착하여 그곳에서 위안부 생활이 다시 시작되었다.

1941년 12월 8일 진주만 공격, 태평양전쟁, 동남아 진격을 앞두고 버마 야전 부대 33사단, 55사단, 56사단에 18부대도 전진 부대로 싸웠다.

태평양전투에 제일 전선인 버마에서도 도에츠(騰越) 전투 라모우(拉孟)는 일본군 18부대, 55부대, 56부대 모두가 대참사를 입었다. 희생된 일본군의 전투사상 가장 피해가 많은 동시에 미 연합군의 포로가 된 일본 군인들은 자결운동을 일으키면서 스스로 목숨을 일본 천황께 바치기 시작했다. 자결운동은 일본 군인들이 천황 폐하에 목숨을 바치고 야스쿠니신사(靖國 神社)에 뼈를 묻도록 혈서를 쓰고 전쟁에 나간 사람이다. 일본 부대는 망해 가지만 적군 손에 죽기 싫어 많은 사람이 자살했다. 이것이 자결(自決)운동이다. 일본 군인들이 자결운동을 하는 가운데 조선군 조선 징용자, 위안부들도 같이 죽자고 살해당한 자도 많았다. 일본패전이 시작되는 1945년 7월, 8월 간에 여러 나라 주둔 일본 군인들이 자결했다. 수십만 명이 된다. 자결운동의 시발점은 1941년, 42년 버마 국경 지역 도우게츠 라모스 지역이다. 일본 군인들이 버마 전투에 패전 후 이 지역의 수많은 조선 위안부도 살해당했지만, 연합군 손에 포로가 되어 구사일생으로 살아남은 자가 임산부 위안부들이다. 살아남은 위안부 네 사람이 맨발로 탈출한 모습, 만삭이 된 여인이 누군가? 세상 사람들이 불쌍히 봤지만, 그 사람이 박영심이란 분이고 만삭이 된 사진의 뱃속 아기는 어떻게 되었는지 묻는 사람이 많았다. 본인 박영심 씨는 아기도 사망하고 말았다고 했다.

그래서 유명한 사진 한 장의 만삭인 임산부는 해방과 동시 북한으로 돌아가서 지금도 눈물과 고통 속에 하루를 보내고 있다.

② 평양에서의 고발

이북이란 특별한 나라로서 북한에 들어가는 사람이 적어서 한민족의 억울한 역사는 많이 숨어 있다. 위안부에 대한 여론에 세계가 떠들썩하지만, 북한은 아직 조용하다. 그렇다 보니 위안부소가 아직 남아있고 위안부들이 억울함을 호소하지 못하고 있다.

지난 2000년도 일본 사진 기자가 평양에 들어가서 조사한 것이 일본에서는 알려졌지만, 한국과 여러 나라는 아직 생소하다. 일본 사진작가가 쓴 『평양에서 고발』(2002년 10월 24일, 후바이샤 북레트)[3]에 상세히 기록되어 있다.

북한에 있는 위안부소는 조사해야 할 큰 과제로 여긴다. 왜냐하면, 일본군이 진격한 여러 나라 가운데 유일하게 위안소가 많이 남

3) 상동 p.59-61.

은 것은 북한이고 북한에서도 개발되지 않은 곳은 그대로 남아있기 때문이다. 일본 사진작가가 1차 조사한 곳은 함경북도 청진시 라남지구도 방진지구이다. 라남지구는 육군부대가 주둔하고 방진지구는 해변이 가까워 해군들이 주둔했던 곳이다. 집중적으로 조사한 곳은 라남지구 풍곡동 19사단 위안소이다. 19사단은 기마병 27연대, 포

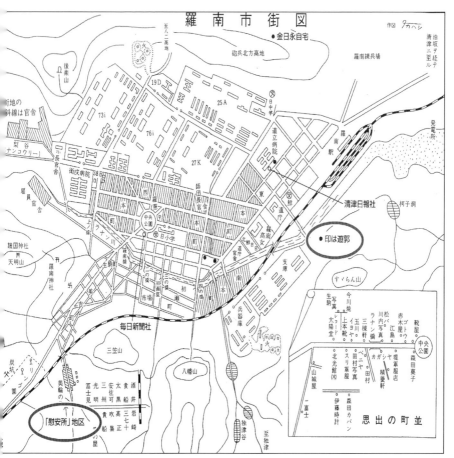

그림 31. 위안소가 있었던 당시 청진시 지도

병 25연대, 공병 19연대, 회령고사포 5연대로 가장 큰 병력을 자랑한 부대이다. 전시하에 가장 큰 규모의 병력은 북한 청진에 10사단, 경성에 20사단이었다. 규모가 큰 부대에 위안소는 물론 가장 많았다는 것을 이번에 알 수 있다.

그림 31의 동그랗게 표시된 두 곳을 보면 위안소는 집촌을 이루고 있다. 한 곳은 일본 군부가 세운 위안소이고 하나는 민간인이 세운 유흥업소가 있다. 일본 작가를 데리고 위안소를 안내한 박창요 씨는 위안소가 있는 동리에 나서 해방이 될 때까지 그곳에만 살았던 자이다. "당시 위안소는 군인만 들어가는 곳이고 일반인은 출입을 금했다"라고 하고 일반인은 유곽이란 곳이 별도 있었다고 증언했다. 앞장에 필자가 소개했지만, 군용위안소가 있고 민간인이 출입하는 유흥업소가 있었다고 소개한 바 있다. 위안소를 관리 감시한 일본군 위안소 외에 출입하는 군인은 엄벌에 처한 사실을 뒷받침하는 좋은 예가 되는 것이다. 일본 정부는 위안소 위안부는 일본 정부와 관련 없고 조선 여인이 돈벌이하러 갔다는 것은 거짓말이라 알 수 있다. 다시 말해서 일본 군인이 운영했던 위안소, 민간인이 운영한 유흥업소는 따로 있다는 것을 북한 함경북도 청진시의 위안소와 옆의 유곽을 봐도 알 수 있다. 유흥업소는 민간인만 출입시키고 군용위안소는 군인만 출입시켰던 것이다.[4]

다음 그림32를 보면 북한에 있는 위안소 마을이다.

한적하고 조용한 전형적인 조선 마을로 보이는 곳이지만 위안소

4) 상동 p.59-61.

가 있었고 지금도 지난 역사를 명백하게 말해주듯 위안소가 남아 있다.

  그림 33을 보면 위안부소 입국에는 당시 위안소를 관리했던 군경 합동 근무소가 있다.

「慰安所」地区の現在。下図の、道路・鉄道・小川が交差している地点の鉄道高架の上から見た。

그림 32

그림 33. 합동 근무소 사진

　　많은 위안소가 있지만 그림 34를 보면 아시다시피 일본식 건물이
다. 건축을 전공한 평양 사람의 이야기는 "건축구조라든가 기왓장
덮는 방법은 일본식 방법이라고 말했다.5)

---

5) 상동 p.52.

唯一残っている「慰安所」だった建物。入口と受付のある部分が建物から出っ張った形になっている。

「慰安所」の建物の屋根には、円筒形を縦半割ったような朝鮮式ではなく日本式の瓦がられている。

그림 34

그림 35를 보면 위안소 현관에 들어서면 응접실이 나온다. 일본 군인들이 번호를 타서 대기하는 곳이다고 김덕호 씨가 당시의 광경을 설명하고 있다.[6]

6) 상동 p.55.

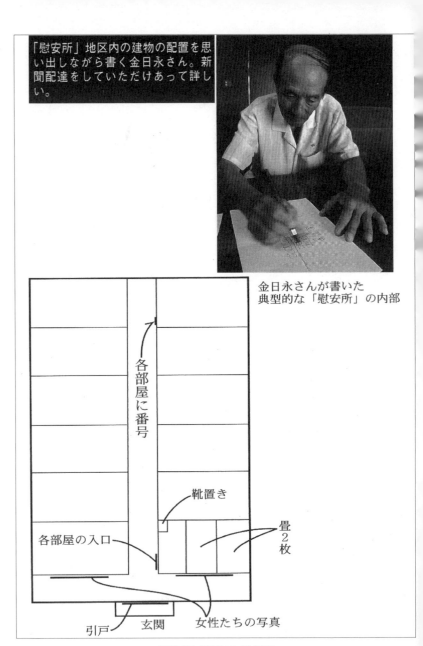

「慰安所」地区内の建物の配置を思い出しながら書く金日永さん。新聞配達をしていただけあって詳しい。

金日永さんが書いた典型的な「慰安所」の内部

各部屋に番号

靴置き

畳2枚

各部屋の入口

引戸 玄関 女性たちの写真

그림 35. 위안부소 방 구조

위안소를 안내하는 김일영 씨는 당시 신문 배달을 했다 하고 위안소 구조를 잘 말해주고 있다.

위안부 방은 양쪽에 있고 중간에 통로가 있고 입구에는 여성들의 신분 사진이 붙여져 있었다. 위안부들의 방이라고 하는 것이 일본 다다미 2장의 방이었다고 했다.[7]

　위안소 옆에는 철로가 있다. 위안부들이 일본 군인들의 폭력에 참지 못한 이들은 창밖으로 뛰어내려 자살하는 사람이 많았다. 이 철로는 위안부들이 하루에도 몇 건이나 자살하는 일이 생겼다. 그래서 지

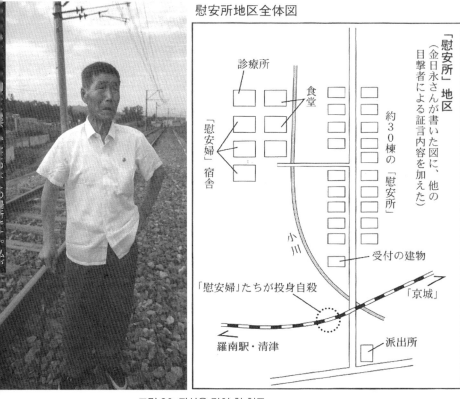

慰安所地区全体図

「慰安所」地区
（金日永さんが書いた図に、他の目撃者による証言内容を加えた）

診療所

食堂

「慰安婦」宿舎

約30棟の「慰安所」

小川

受付の建物

「慰安婦」たちが投身自殺

「京城」

羅南駅・清津

派出所

그림 36. 자살을 많이 한 철로

7) 상동 p.61.

금도 자살 철로라고 부르고 있다고 주위에 사는 박창용 씨는 말했다.[8]

당시 청진시의 30여 곳에 위안부는 360명이었고 군인부대 인원은 만 명이나 되었으니 위안부 여성의 고생은 짐작이 간다고 한결같이 증언하고 있다.[9]

③ 북한 위안부들

한 맺힌 역사의 한 페이지 조선 위안부는 수십만이 되지만 여러 가지 사정으로 위안부의 슬픈 사실을 드러내놓지 못하고 숨기는 일들이 많다. 북한에 사는 위안부들은 드러내놓고 싶어도 드러내지 못하고 있는 이들이 많다. 남북 교류가 된다면은 이들의 원한을 풀어주어야 한다. 수많은 위안부가 노년을 보내고 있지만, 이 중에 "위안부들이 30여 명이나 살해당했다."[10] 고백한 위안부가 있다.

고백한 그이도 위안부였다고 자백했다. 이름은 노논숙 씨 1920년 2월 20일생이다. 2002년 일본 작가 인터뷰할 때는 정정한 모습으로 계셨지만, 지금은 돌아갔는지 모르겠다.

그는 평안남도 은산군 은산읍에서 태어났다. 농촌에서 옥수수 재배를 하는 가정에서 일할 때 "그때가 1936년 6월 그믐쯤 되는 날인데 조선어를 잘 아는 일본사람이 와서 자기와 같이 어디 가자고 끌고 갔다. 어디로 가는지 물어보니 가보면 안다고 했다. 끌려갈 때 슬쩍 보니 권총을 차고 있었다. 겁이 나서 고개를 들지 못하고 트럭을

---

8) 상동 p.48-49.
9) 상동 p.46.
10) 상동 p.83-87.

하고 가는데 평안북도 운산군 북진 광산 입구에 내리라 하고 광산 창고에 가두고 말았다. 창고에는 이미 조선 여성 6명이 불안에 떨고 있었다. 이곳에서 하룻밤을 보내고 아침이 되니 역시 조선말 잘하는 일본인이 트럭에 올라타라 하고 중국 목단이란 곳에 갔다. 그곳은 드벌이가 괜찮다 돈을 벌어야지 했다. 평안 운산에서 출발하여 중국 북방지방 수분화(綏芬花)란 곳에 도착했다. 그곳은 일본 군부대 지역 뿐이었다. 군부대 건물에 여러 개 방이 있는데 나중에 알았지만, 위안소 위안부로 일을 해야만 했다. 도망갈 수도 없었다. 나중에 알았지만, 그곳 부대 이름은 오사카 부대였다고 했다.

첫날 군인 장교가 들어와서 겁이 나서 얼굴을 들지 못할 때 발로

2002年5月の「アジア地域シンポジウム」で体験を語る郭金女さん。日本軍性奴隷被害者たちは次々と亡くなり、体験を聞かせてくれる人は極めて少なくなった。

그림 37. 노논숙 위안부 사진

차면서 달려들었다. 옆방에서는 울음소리가 끊어지지 않게 들리ㅁ
했다.

이름도 일본 이름으로 아라야마 타케코라 지어주었다. 하루에도
15여 명 상대했고 휴무 날은 50여 명을 당했다. 그곳에는 수십 명
위안부가 있었지만, 어느 사람이 얼마 있는지 누구인지 접촉을 못
하도록 했다. 일주일에 한 번씩 주사를 맞는데 나중에 알았지만, 임
신을 못 하도록 맞는 주사였다고 가르쳐 주었다.

지옥 같은 생활을 할 때 하루는 몰래 방에 들어와서 지금 말하지
만 여기는 나중에 살해당한다. 어서 피신하라 하고 도망가도록 한
이가 남자이고 함경도 사나이란 걸 알았다. 그분의 덕분으로 1945
년 7월에 탈출에 성공하여 해방될 때 고국 평안도에 돌아왔다. 아버
지는 별세하고 노모와 같이 생활한다고 했다.

④ 곽금여 위안부의 증언

"금여 씨는 1923년 1월 8일 충청남도 천안에서 태어났다. 가정이
어려워서 전남 순천 일본인 가정에 들어가 어린이를 돌보는 일을 하
고, 다시 광주 방직공장에서 일할 때 사무실에 불려가서 경성의 빵
공장에 가면 빵도 많이 먹을 수 있다며 가라고 하여 가기 싫다고 버
티니 하루는 권총을 찬 사람이 와서 '조선인은 이러나저러나 죽어
야 하는 사람이야!' 하며 끌고 열차를 타고 경성에 도착 후 다시 '중
국 북반 목단이란 곳에 가야 해!' 하고 목단역에 도착하니 군인 트럭
이 대기하고 있어 다시 타고 소련 국경 지역 목릉(穆稜)이란 곳에 내

悲しみと怒りを全身で表しながら体験を語る郭金女さん。この写真は、初めて会った一九九八年五月に撮影。

그림 40. 곽금여

렸다. 그곳은 군부대 2층 방에 가두고 저녁도 주지 않고 감금 뒤 아침에 군의관이 몸 검사 후 다시 창고에 감금시켰고, 그 후 위안부소 2층 다다미 2개 자리 1호실에 배당받아 위안부 생활을 했다.

위안부가 되기 위해 끌려올 대 이미 조선 여인 한 사람은 굶어 죽은 자도 있었다. 위안소에 와서 '레이고'라는 이름을 받았다. 군인들이 하는 말이 말을 듣지 않을 때는 자궁을 검도로 찌르겠다 협박하고 결국 곽 씨 손목에도 검도에 찔린 상처가 아직 남아 있다고 보여 주었다. 같이 연행된 이춘자란 사람은 일본 군인에 살해당하기도 했다. 하루는 말을 듣지 않는다고 곽 씨를 지하에 감금했는데 그곳은 이미 조선 여인이 살해되어 부패한 자의 시체가 있었다. 제정신이 아니게 감금되었다. 일본군이 아니라 짐승보다 못한 인간들이라 했다.

곽 씨는 죽기를 각오하고 도망칠 계획만 하던 중 위안부 생활 9개월 만에 도망쳐 8킬로 떨어진 곳까지 걸어서 가던 중 배가 고파 조선병원이란 간판이 붙어있는 곳에 들어가 사람 살려주시라 애원하니 병원장이 환대하여 그곳에서 일을 돕고 있을 때 함경도 출신이고 김 씨라는 분인데 그곳에서 증기 기사인 남편을 만나 북한으로 돌아와 결혼 후 남편과 사별하고 자식 하나 두고 살지만 죽어도 내 영혼은 일본 가서 한 많은 내 인생 보상받도록 하고 사죄를 받도록 한다고 이를 깨물고 살고 있다." 하지만 1998년도에 하신 말이라 지금은 저세상에 가서 원수를 갚고 있는지 모른다.

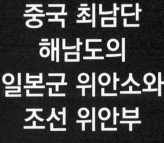

중국 최남단
해남도의
일본군 위안소와
조선 위안부

の慰安所とされていた建物

중국 최남단 해남도의 일본군 위안소와 조선 위안부

중국 최남단에 위치한 섬나라 해남도는 1939년 2월부터 아시아 태평양 지역 중심부에 군사 점령지로 개시했다. 전쟁 교두보를 삼기 위해 비행장 철로 광산개발 전원개발을 하면서 자원 약탈, 민중 동원 주민들의 노역 착취 불순자로 여겨 살해 등을 자행해 왔다. 군 시설의 위안부소를 짓고 동아시아 여성들을 많이 연행해가기도 했다. 해남은 조선 민족의 지옥 같은 땅이란 것을 알고 슬퍼하면서 해남을 조사한 그룹이 있다. 일본열도에 흩어져 살지만, 본부는 와카야마현 해남시 일방 1168번지 『기주광산 진상을 명확히 하는 회』를 조직하여 해남도에 일본은 무엇을 했는지 잡지를 발간하고 해남도에 가서 조선인 강제징용자 조사, 조선인 위안부를 조사하여 잡지를 내고 있다. 참으로 훌륭한 일을 하고 있다. 1999년 10월 4일 발간한 잡지 파토로에 특별호를 발간, 중국 최남단 해남도에 위안소 위안부를 고발했다.

1. 신영(新盈)위안소는 중국 남단 해남도 임고현 신영이란 곳에 있다. 신영은 1939년 9월 19일 일본군이 신영 일대를 폭격하고 군부대를 시설했다.

시설할 때 주로 조선 노동자들을 데리고 와서 노역을 시켰다.

1940년 부대에 위안소를 짓고 일본인 조선인이 일하도록 했다.

新盈の慰安所とされていた建物

그림 41. 신영의 위안소 건물. 아직 남아 있지만 당시 위안소의 구조를 연구하는데 좋은 사료이다

陵水の「慰安所」として使われた建物

그림 42. 릉수에 있는 위안소 이층 건물이다. 지금도 양호하게 남아 있다. 사람이 사는 흔적이
보인다.

그림 43. 같은 지역에 있는 위안소이다. 이름은 기록되어 있지 않지만 양호하게 남아 있다.

秀水明山

祖妣韓国侨工朱順朴氏墓

生於一九〇二年卒於一九五年

保亭县公路分局立

日本軍性奴隷とされ、慶尚南道の故郷に帰ることなく海南島で亡くなった朴来順氏の墓。生前の住居近くの裏山に建てられている

그림 44. 일본군 성노예가 되어 살다가 현지에서 죽은 박래순이란 분의 묘비이다.

朴来順さん（1942年2月　海口で）

이 사진은 박래순 씨 생전에 찍은 사진(1942년 2월 해구란 곳에서 찍은 사진)

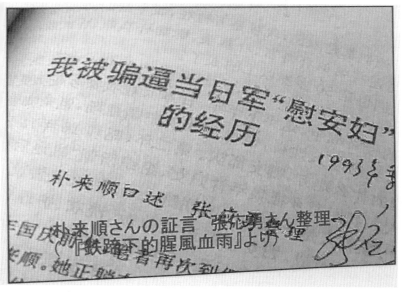

我被骗逼当日军"慰安妇"的经历

1993年

朴来順口述　张志勇整理

朴来順さんの証言　張応勇さんの整理

《鉄蹄下的腥風血雨》より

그림 45. 박래순 씨가 위안부로 끌려올 때 구술한 위안부의 기록카드

지금도 남아있는 신영 일본군 위안소 사료 해남도에서 무슨 일이 일어났는가 p.18 발췌

해남도에는 위안부소가 다소 남아 있고 무너져 터만 남아 있는 곳도 있다.

조선인이 끌려간 인원은 70, 80명이라 한다.

특히 박래순 위안부는 경상남도 사람으로 1942년 2월에 일본 군함을 타고 해남도 위안소에 전역하면서 살다가 그곳에서 죽고 동리 사람이 묘를 만들어 제사를 모시고 있다고 한다.(『해남도에서 무슨 일이 일어났는가』 참조)

위안소 위안부들은 해외에서 주로 생활했기 때문에 전쟁 시 린치되어 죽은 자, 병으로 죽은 자가 고국에 돌아오지 못한 사람이 많다.

현 정부는 강제징용자 유해, 징병자 유해를 국가가 모셔오기도 했고 민간단체가 모셔오기도 했다. 그렇지만 위안부들의 유해를 모셔왔다는 이야기는 아직 들어본 적이 없다. 흩어진 위안부 유해도 국가적인 차원에서 모셔와야 한다.

지금까지
보도된
뉴스 편

日 영사관 '위안부' 개입 부녀자들 유괴 증거도

부산일보 최혜규 기자(2007. 03. 06.)

육군 위안부 관계 자료 집성 ①의 관련 내용

와카야마(和歌山) 현 지사 공문(1938. 2. 7)

"1938년 1월 6일 와카야마현 다나메(田邊) 하마거리 음식점에서 거동이 수상한 남자 3명을 조사해보니 상해 황군위안소로부터 위안부 3천명 모집 요구를 받고… 무지한 부녀자들에게 '급여가 좋다'든가 '군인들만 상대하고 식사도 군에서 지급한다'는 등의 얘기를 하고 유괴하는 방법으로 데리고 갔다."

부산외대 김문길 교수 '日 공문서 2종' 공개

위안부 강제동원을 부정하는 아베 신조(安倍晋三) 일본 총리의 발언이 연일 파문을 일으키고 있는 가운데 일제가 영사관까지 개입해 조직적으로 위안부를 모집했다는 사실을 증명하는 공문서가 확인됐다.

부산외대 김문길 교수는 6일 일본의 재단법인 '여성을 위한 아시아 평화 국민기금'이 지난 1997년 발간한 '육군 위안부 관계자료 집성 ①'에서 공문 2종을 발췌해 공개했다.

중국 상하이(上海) 주재 일본총영사관 경찰 다지마 슈헤이(田島周平)가 1937년 12월 21일 나가사키(長崎) 수상경찰서에 보낸 공문 '황군(일본군) 장병 위안부녀 도래에 관한 의뢰의 건'에는 "황군 장병을 위안하려는 방안을 연구하던 중 당관(총영사관) 육군 무관실 헌병대와 합의한 결과, 전선 각지에 군 위안소를 설치하도록 한다"고 기록돼있다.

이어 △영사관은 △위안소의 영업허가 △위안부의 신원 파악과 계약 수속 △도항에 대한 편의 제공 △도항과 동시에 체재 여부 규정을 결정한 뒤 헌병대에 넘겨줄 것 △헌병대는 △영업주나 위안부의 운송과 보호 △육군 무관실은 △위안소 등 준비 △위안부 검진 등으로 각 기관의 역할을 분담하고 있다.

문서는 또 "이와 같은 요령에 따라 이미 일본 또는 조선 방면을 다니며 위안부를 모집하고 있으니 관련 신분증을 휴대한 사람에게 승선 등을 보장하라"고 지시하고 있다.

이듬해인 1938년 2월 7일 일본 와카야마(和歌山) 현 지사가 내무성 경보국장에게 보낸 공문은 상해 황군 위안소로부터 위안부 3천 명 모집 요구를 받은 남자 3명이 700명을 유괴하는 방법으로 모집해 나가사키 항을 통해 보낸 사건을 보고하고 있다.

김 교수는 "일제가 영사관까지 개입해 조직적으로 위안부를 동원했고 경찰의 보고로 이 사실이 속속 탄로 났다는 것을 알 수 있다"며 "일본 내 8개 현에서 같은 내용의 사건이 보고된 것을 보면 조선에서도 유괴를 통해 위안부를 모집했으리라 짐작할 수 있다"고 말했다.

한편 정신대 문제 대책 부산협의회와 독도를 지키는 민족운동본부는 오는 7일 부산 부산진구 범천동 여성센터 대강당에서 '일본 아베 총리 망언 규탄 기자회견'을 개최하고 김 교수의 강연을 들은 뒤 아베 총리의 망언에 대한 사죄와 보상을 촉구하는 성명서를 발표할 예정이다. (최혜규 기자 iwill@busanilbo.com)

"日 종군위안부 강제동원 자료 발견"

연합뉴스 조정호 기자(2007. 04. 27.)

　일본 종군위안부가 정부 차원에서 강제적이고 폭력적인 방법으로 운영됐다는 문서와 사진이 새롭게 발견됐다는 주장이 나와 관심을 모으고 있다.

　부산 외국어대 김문길 교수는 중국 상하이(上海)에 주둔한 일본 육

군 병참사령부에서 군의관으로 근무했던 하야오 대위가 친필로 손

'전장(戰場) 보고 의견집'과 일본 내각 공문서 등의 자료를 27일 공기

했다.

김 교수가 공개한 자료에 따르면 하야오 대위는 '최초의 위안부ᄉ

부지 팻말'이라는 제목으로 직접 촬영한 사진을 설명하면서 "상하ᄋ

군기지 흙담을 쌓은 곳을 지나면 육군위안소가 나오는데 병참사ㄹ

부가 개업했다"고 썼다.

또 여성을 위한 아시아평화국민기금이라는 단체가 1998년 7월

발간한 일본 내각 내무성 공문서와 방위청 공문서에서도 조선 위안

부를 강제로 끌고 갔고 환자로 쉬고 있던 위안부까지 강제로 성추힝

했다는 내용이 나왔다고 김 교수는 주장했다.

전쟁 때 일본 육군성에서 찍은 미공개 사진들을 모아 일본 마이니

치신문사가 1977년 펴낸 '불허가 사진집'에는 '일본 육군이 개설한

위안소'라는 제목으로 수록된 사진 설명에 "성 경험이 없는 건강한

젊은 조선 여성들을 강제로 데리고 왔다"는 내용이 들어있다고 그는

덧붙였다.

김 교수는 "이번에 발견된 문서와 사진은 일본 정부가 직접 종군

위안부를 운영했다는 증거물"이라면서 "특히 위안부 여성을 잔혹하

게 끌고 갔고 병이 나도 성폭행을 했다는 것을 알 수 있다"고 말했

다. (부산 연합뉴스 조정호 기자 ccho@yna.co.kr)

강제동원 언급한 日帝 문서 발견

동아일보 강성명 기자(2015. 04. 09.)

[최악의 韓日 관계] "위안부소 관리자는 위안부를 연행해 돌아온다"

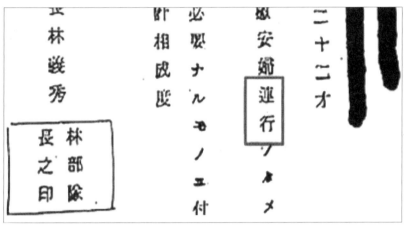

일본군의 위안부 연행 사실을 뒷받침하는 일본의 한 문서 자료. 가운데 네모 안에 '連行(연행)'이라는 한자가 선명하다.(한일문화연구소 제공)

위안부 강제연행을 뒷받침하는 일본 문서가 발견됐다.

김문길 한일문화연구소 소장은 일본의 '여성을 위한 아시아평화국민기금'이 발간한 자료집에서 일본군이 주도적으로 위안부 모집에 나섰음을 증명하는 내용이 확인됐다고 8일 밝혔다.

'종군위안부 관계자료 집성'이라는 제목의 이 자료집은 1997년 국민기금 측이 일본 외무성 조사자료를 바탕으로 만든 것이다. 600

쪽 분량 자료집의 152쪽에 수록된 '증명서'에는 "위안부소 관리자는 위안부를 '연행(連行)'해 파병단으로 돌아(귀나·歸那)온다. 위안부는 부대에 꼭 필요하니 위안부소 관리자가 도항(바다를 건너는 데)에 있어서 편리를 도모하고 어려운 일이 없도록 하라"는 내용이 적혀 있다. 이 증명서는 1940년 대만에 주둔했던 엔다(鹽田) 병단의 하야시 요시히데 부대장이 소속 부대 위안부소 관리자의 신분을 보장하고 위안부 연행 임무를 지원하기 위해 발급한 서류다.

김 소장은 "일본 내 문서에 '연행'이라는 표현을 썼다는 점이 중요하다"며 "일본이 교과서를 통해 위안부의 연행을 부인하는 것과 배치되는 내용이다"라고 말했다. (부산 강성명 기자 smkang@donga.com)

"日, 위안부 강제동원" 문서 다수 존재

KBS 뉴스 천효정 기자(2015. 11. 24.)

〈앵커 멘트〉

일본군 위안부 문제를 두고 우리 정부와 일본 정부 간에 협상이
진행 중인데요. 양국 간 입장 차가 좀처럼 좁혀지지 않고 있습니다.

하지만 위안부가 일본 군부에 의해 강제동원된 것이라는 사실은,
피해자들의 증언은 물론 여러 문서를 통해서도 확인되고 있습니다.

천효정 기자의 보도입니다.

〈리포트〉

1942년 '대만 총독부'가 일본 외무성에 보낸 공식 문서 제10호입

니다.

'일본 군부의 요구에 따라 남양군도 점령 지역에 위안소가 만들어졌으니, 운영을 위해 바다를 건너는 사람들의 편의를 봐주기 바란다'는 내용이 적혀 있습니다.

〈인터뷰〉 김문길(한일문화연구소장) : "(일본은) 군부와 전혀 관계가 없다고 주장하지만, 이 문서는 (위안소를) 군부가 만들고 외무성까지 관여했다는 것을 알 수 있는…"

당시 남양군도, 지금의 태평양 서북부 지역의 섬나라들에 만들어졌던 위안소는 지금도 옛날 모습 그대로 보존돼 있습니다.

지난 8월엔 일본군이 조선 여성 2천 명을 모집해 위안부로 강제동원했다는 내용의 문서가 중국 헤이룽장성 기록물 보관소에 의해 공개되기도 했습니다.

일본군이 위안부를 강제 동원했다는 사실은 피해자들의 증언으로도 확인된 지 오래입니다.

〈인터뷰〉 이옥선(일본군 위안부 피해자/88살) : "(일본군이) 한국 아들, 딸들 다 끌어다 죽이고, 위안소에서 여자들 모두 끌고 가서 다 죽였지…"

일본 아베 정부는 위안부 강제동원의 책임을 민간 차원으로 돌리려 하지만, 위안부 피해자들의 증언과 당시 일본 정부의 문서 등은 위안부 강제동원 사실을 입증해 주고 있습니다. (KBS 뉴스 천효정입니다.)

일제강제동원역사관, '강제동원 현장 생활상 보여 주는 유물' 기증

국제뉴스 김옥빈 기자(2016. 12. 26.)

조세이 탄광 자료, 야나기모토 비행장 내 위안소 자료 등

▲ 김문길(金文吉) 한일문화연구소장 / 제공 = 일제강제동원역사관

"광부 숙소나 위안소는 사람의 발길이 닿지 않던 곳으로, 지역 주민들조차 존재를 모르고 있었습니다. 역사관에서 기증 자료들을 전시·연구에 활용해 대중에게 알려준다면 점점 잊혀져가는 기억에 다시 한번 숨결을 불어넣는 계기가 되리라 생각합니다."

한일문화연구소 김문길(71) 소장은 지난 20일 유물기증이 끝나고

이같이 말했다.

국립일제강제동원역사관은 지난 20일 오후 2시 부산 수영구 소재 한일문화연구소를 방문해 유물을 수증했다고 26일 밝혔다.

유물기증 후에는 유물기증원 작성과 기증증서 수여가 이뤄질 예정이다.

기증유물은 조세이 탄광[長生炭鑛] 자료 4건, 야나기모토 해군비행장[柳本海軍飛行場] 내 위안소 자료 15건, 복제 삿쿠(サック : 콘돔) 1건 8점이다.

'조세이 탄광'은 야마구치[山口]현 우베[宇部]시에 위치한 수 킬로미터의 해저 갱도가 있는 곳으로, 작업환경이 위험하다고 소문나 일본인 노동자들은 발길도 두지 않던 곳이다.

1942년 2월 3일 비극적인 해저 갱도 수몰 사고가 발생했고, 사고 사망자 183명 중 조선인 사망자가 136명에 달했지만, 현재까지도 유골 수습이 이뤄지지 못해 유가족에게 안타까움을 더하고 있다.

김 소장이 기증한 조세이 탄광 자료는 약 10여 년 전 수차례 현장을 방문해 광부 숙소 내·외부에서 수습한 자료들로, 안전모·헤드 랜턴·수통 등 갱도 내에서 사용하던 작업 도구이다.

'야나기모토 해군비행장'은 나라[奈良]현 텐리[天理]시에 위치한 군 비행장으로 제2차 세계대전 중 건설됐다. 앞선 연구를 통해 비행장 내 위안소 2개소의 존재가 밝혀졌다.

야나기모토 해군비행장 내 위안소 자료는 김 소장이 비행장 내 위안소를 방문해 수습한 자료들로, 대형 대바구니·저고리·도시락 등 당시 위안소 '위안부'들의 생활용품이다.

김 소장은 "특히 대바구니는 '위안부'들이 자신의 전 재산인 소지품을 보관·이동에 사용한 자료로 당시의 생활 일면을 보여 주는 귀

중한 자료"라고 전했다.

기증 자료 중 유일한 복제품인 삿쿠는 김 소장이 일본 지인으로부터 얻은 것이다. 삿쿠는 일본 내에서 실시한 위안부 관련 전시에서 사용됐던 것으로 전시 종료 후 김 소장에게 전해져 보관됐다.

강제동원 당시 삿쿠의 명칭은 '돌격 일번'으로 불리었는데, 기증 삿쿠의 포장 봉투에 인쇄된 '突擊 一番(돌격 일번)'이 당시의 증언을 뒷받침해 주는 중요한 자료가 될 것이다.

역사관 관계자는 "삿쿠는 실물을 바탕으로 정교하게 복원돼 역사관 전시·연구에 많은 도움을 줄 것으로 기대한다"고 밝혔다.

한편 김 소장은 안용복·박어둔 기념사업회 추진책임위원 이사, 임진왜란 코 무덤 연구 환국학술부장 등 한일관계 분야에서 활발하게 활동하고 있는 전문가이다.

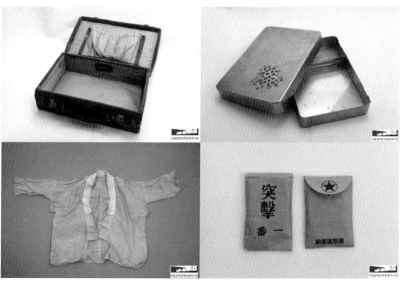

▲ 왼쪽부터 야나기모토 해군비행장[柳本海軍飛行場] 수습 가방, 도시락, 대바구니, 저고리, 복제 삿쿠[サック]

위안부 존재 증명하는 '일본군 콘돔' 부산에 온다

한겨레 김광수 기자(2017. 03. 22)

일제 말 출시된 군수품 '하트미인'
일본 스님, 강제동원역사관에 기증

국립일제강제동원역사관이 소장하고 있는 일본 삿쿠(콘돔)의 포장지에 '돌격 일번'(돌격이 제일이다)이 적혀 있다. 이 포장지는 실물을 본뜬 것이다.(국립일제강제동원역사관 제공)

1937~40년 일본에서 '하트미인'이라는 상품명의 콘돔이 출시될 당시 일본인들은 콘돔을 삿쿠라 불렀다. 1941년 태평양전쟁이 시작되기 전 일본 군부가 병사들한테 여성과 성관계를 할 때 사용하라며 군수품으로 지급했다. 이때 콘돔의 이름은 '돌격 일번'(돌격이 제일이다)이었다. 돌격 일번은 당시 일제가 전쟁에 동원되는 병사한테 심은

사상으로, 약자인 여성을 인격적으로 대우하지 않고 성 욕구를 푸는 대상으로 바라보던 일본군의 인식을 엿볼 수 있다.

삿쿠의 '돌격 일번' 문구는 일본군이 태평양전쟁 기간 조선인 여성 등을 강제로 끌고 가 성노예로 삼은 위안소를 조직적으로 운영한 사실을 뒷받침한다. 중·일전쟁에 참가한 일본군 무토 아키이치(1915~2006)가 작성한 종군일지(일기장)에 "위안소에 강제 동원된 조선·대만 여성과 성관계를 가진 뒤 조선과 대만을 정복했다"고 기록한 내용과도 일치한다. 태평양전쟁에 참여한 일본 군의관이 기록한 전장 보고서를 바탕으로 일본에서 발간된 '군의관의 전장 보고의견집'에도 삿쿠가 등장한다.

실물 삿쿠가 23일 부산 남구에 있는 국내 유일의 국립일제강제동원역사관에 모습을 드러낸다. 일본 이치노헤 쇼코 스님이 행정자치부 산하 재단법인 일제강제동원피해자지원재단에 기증한다. 재단쪽은 이날 오후 3시 일제강제동원역사관 6층 멀티미디어실에서 이치노헤 스님 등이 참석한 가운데 기증식을 연다.

이치노헤 스님의 진품 삿쿠 기증은 복제 삿쿠를 일제강제동원역사관에 기증한 김문길 한일문화연구소장이 이치노헤 스님을 찾아가 간곡히 설득해 성사됐다고 한다. 이로써 일제강제동원역사관은 무토 아키이치의 종군일지 복제품과 복제 삿쿠, 진품 삿쿠를 소장하게 된다. 현재 진품 삿쿠를 소장하고 있는 곳은 경기도 광주의 일본군 위안부 역사관, 중국 난징 리지항 위안소 옛터 진열관, 중국 상하이 사범대 등이다.

이치노헤 스님은 일본의 대표적 불교종단인 아오모리현 조동종 운상사 주지다. 그는 〈조선 침략 참회기〉 발간을 통해 조동종이 조선 침략 때 국외 포교라는 미명 아래 저지른 행태를 낱낱이 고발했다. 또 그는 일본이 존재 자체를 부정하는 일본군 성노예를 입증할 수 있는 위안소 사진을 전북 군산시 동국사에 기증했다.

일제강제동원역사관 관계자는 "삿쿠는 일본군 성노예가 존재했다는 것을 증명하는 자료다. 실물 삿쿠는 현존하는 수가 적은 만큼 가치가 뛰어나 폭넓은 활용이 기대된다"고 말했다.

(김광수 기자 kskim@hani.co.kr)

위안부에 사과하러 부산 찾은 일본군 후손

국제신문 정철욱 기자(2017. 08. 08.)

일본 병사 · 서민전쟁자료관 다케도미 지카이 부관장, 아버지
유언 따라 기자회견

- 日 영사관 앞 소녀상도 들러
- "양국 역사 인식 공유해야"

"버마(현 미얀마) 주둔 일본군에 강제 동원된 부산 출신 위안부 김모
할머니를 찾아 사죄하라는 아버지의 유지를 받들어 한국에 왔습니
다. 전쟁을 핑계로 비인간적 행위를 했던 과거의 잘못을 반드시 사
죄하고 싶습니다."

8일 부산 남구 일제강제동원역사관. 일본인 다케도미 지카이(63)
씨가 떨리는 목소리로 말했다. 다케도미 씨는 일본 후쿠오카현에 있
는 병사·서민전쟁자료관의 부관장이다. 전쟁을 모르는 전후 세대에
게 참상을 알리려고 운영하는 곳이다. 일본의 위안부 강제동원을 알
리려는 목적도 있다.

자료관 설립자는 작고한 다케도미 도미오 씨로 다케도미 지카이
씨의 아버지이다.

일본인 다케도미 지카이(오른쪽) 씨가 8일 부산 남구 일제강제동원역사관에서 열린 유물기증식에서 조선인 일본군 위안부 사진 등 관련 자료 30여 점을 공개하고 있다.(서정빈 기자 photobin@kookje.co.kr)

다케도미 씨는 이날 일본의 위문편지 보내기 운동으로 한국 학생들이 군에 보낸 편지 3점과 한국 주둔 일본군의 사진을 비롯해 전쟁 유물 30여 점을 기증했다. 현재 후쿠오카의 자료관에서 위문편지 기획전시를 열고 있지만, 역사관에 원본을 기증하려고 현지 전시품은 복사본으로 대체했다.

눈에 띄는 기증유물은 버마 주둔 일본군 위안소에 강제동원됐던 김 할머니의 사진이다. 이 사진은 다케도미 씨 아버지의 친구가 "반드시 김 할머니를 찾아가 과거의 잘못을 사죄해달라"는 유언과 함께 다케도미 씨의 아버지에게 전했다.

아버지 또한 친구의 유언을 들어주지 못하고 2002년 눈을 감자 사진은 다케도미 씨의 손으로 넘어왔다. 다케도미 씨의 아버지는 21살부터 30살까지 일본군에 복무하며 중일전쟁과 태평양전쟁에 참전했다. 그의 친구 또한 함께 복무했던 동료다.

김 할머니를 수소문하던 다케도미 씨는 2005년 김문길 한일문화연구소장에게 도움을 요청했다. 김 소장도 일제강제동원역사관에 김 할머니의 행방을 찾아 달라고 의뢰했다. 역사관은 위안부 전문기관인 전쟁과 여성 인권 박물관과 협조해 김 할머니를 수소문했으나 아직 찾지 못했다.

비록 김 할머니를 찾지 못했지만, 공개사과 형식이라도 빌려 사죄하겠다는 게 다케도미 씨의 방한 목적이다. 다케도미 씨는 "과거의 잘못을 밝히고 일본이 피해국인 한국과 역사 인식을 공유해야 한다는 생각은 나도 아버지와 같아서 한국에 왔다"고 말했다.

다케도미 씨는 유물기증식 이후 동구 일본영사관 앞에 있는 평화의 소녀상에 들러 다시 한번 사죄했다.

역사관은 김 할머니의 사진을 전시하지 않고 계속 행방을 추적할 계획이다. 다른 기증유물은 역사적 의미에 관한 추가 연구를 진행한 뒤 공개할 계획이다. 역사관 관계자는 "일본 정부가 위안부 존재를 부정해도 다케도미 씨 같은 자기 고백 형식의 증언은 우리가 대응할 수 있는 귀중한 근거가 될 것"이라고 말했다.

(정철욱 기자 jcu@kookje.co.kr)

"일본군이 위안부 직접 운영"…증거문서 또 발견

부산 연합뉴스 차근호 기자(2017. 01. 18)

"민간이 운영했다"는 일본 정부 주장과 정면 배치

위안부를 일본 군대가 아니라 민간에서 운영했다는 일본 정부의 주장을 반박할 수 있는 일본군의 비밀문서가 발견됐다.

한일문화연구소 김문길 소장은 일본군 보병 21연대 7중대에서 작성한 '진중일지(陣中日誌)' 일부를 입수했다고 18일 밝혔다.

진중일지는 해당 부대 당직자가 작성한 근무 일지로 김 소장이 입수한 자료에는 1942년 3월 1일부터 31일간의 기록이 담겨있다.

이 일지에는 "병참(兵站)에서 지정한 위안소 외에 사창가(私娼家)에 들어가는 것은 금지한다"면서 "위안소에 출입하는 군인은 출입증(切符)을 가진 자만 출입시키고 출입증이 없는 자는 순찰하여 신고할 것"이라는 문구가 적혀 있다.

문서의 표제부에는 군사기밀이라는 내용과 함께 공식 문서임을 증명하는 연대장의 도장이 찍혀있다.

김 소장은 이 일지의 내용이 위안부를 민간에서 운영했다는 그동안의 일본 정부의 주장을 정면으로 반박하고 있다고 설명했다.

김 소장은 "민간에서 운영하는 '사창가'와 위안소를 분명하게 구분하고 있고, 위안소의 출입을 군에서 출입증을 통해 관리하고 있어 위안소를 민간인이 운영했다는 것은 거짓말임이 드러났다"고 주장했다.

110 일본군 위안부 성노예 유괴·연행

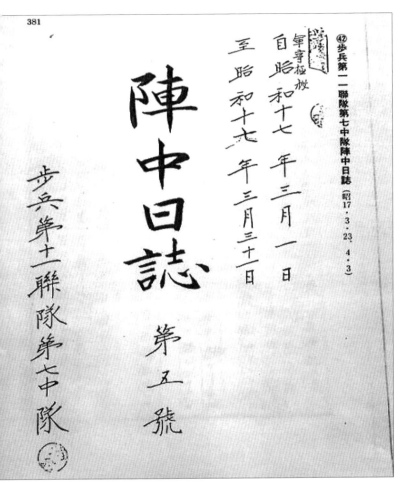

한일문화연구소 제공 =연합뉴스

일본은 지난해 1월 유엔에 제출한 보고에서 "2차 세계대전 당시 일본군 위안부에 대해 자체 진상조사를 벌였지만 어떤 서류에서도 일본군과 관헌(일본 관공서)에 의해 위안부가 강제 연행됐다는 증거는 찾지 못했다"고 주장한 바 있다.

김 소장은 일본 방위성 문서실에 보관돼 있던 이 일지를 최근 일본의 한 학자를 통해 확보했다고 입수 경로를 밝혔다.

김 소장은 "일본군이 위안소를 직접 운영했다는 증거는 기존에도 여러 문서를 통해 증명되고 있었고 이 일지도 그 증거 중 하나"라면서 "위안부를 일본 정부가 관리·운영했다는 증거가 넘치는 상황에서 더는 망언을 그치고 진실한 사과를 하라는 의미에서 언론을 통해 일지를 공개한다"고 말했다.

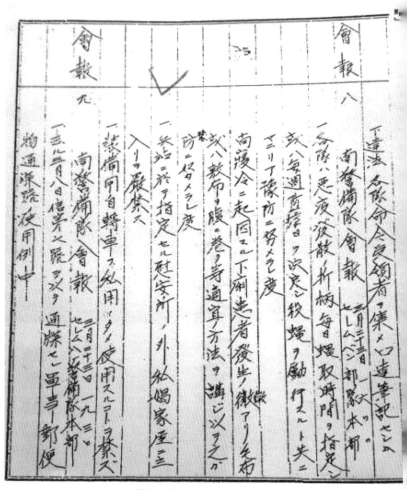

한일문화연구소 제공 =연합뉴스

"일제 경찰 문서에 위안부 모집을 유괴로 표현"
김문길 명예교수 공개

중앙일보 황선윤 기자(2017. 08. 13)

김문길 한일문화연구소장, 일본 와카야마현 경찰부장이 내무성에 보낸 문서

'시국 이용해 부녀 유괴사건에 관한 것'–"유괴하는 방법으로 위안부 모집했다" 내용

"본국(일본)과 같이 조선국에도 다니고 있다"–위안부 모집 '강제성' 보여 주는 문서

'세계 일본군 위안부 기림일(8월 14일)'을 하루 앞둔 13일 일제시대 일본의 위안부 모집과정을 목격한 일본 경찰이 당시 상황을 '유괴'로 인지하고 조사했다는 내용의 일본 경찰 문서가 공개됐다. 문서에는 "작부(酌婦·위안부) 모집을 하기 위해 본국(일본)과 같이 조선국에도 다니고 있다"는 내용이 들어있다. 이는 일본 군부의 명령으로 진행된 위안부 모집과정에 강제성이 있었다는 사실을 보여 주는 문서로 보인다.

한일문화연구소 김문길(72·부산외대 명예교수) 소장은 히로히토(裕仁) 일왕 시기인 쇼와(昭和) 13년(일본력·1938년) 2월 7일 와카야마(和歌山)현 경찰부장이 내무성 경보(警保)국장에게 보낸 '시국 이용 부녀 유괴 피

의사건에 관한 건'이란 제목의 문서를 13일 공개했다.

김문길 한일문화연구소장이 13일 위안부 모집과정을 목격한 경찰이 당시 상황을 유괴로 인지하고 조사했다는 내용의 문서를 공개하고 있다.(황선윤 기자)

문서는 '쇼와 13년 1월 6일 4시경 와카야마현 후미사토(文里) 음식 상가에 3명의 거동이 좋지 못한 남자가 두루 다니고 있는 것을 보고 심문했다'는 내용으로 시작된다. 심문 결과 남자(거동 수상자)가 하는 말이 "이상하게 생각할 것 없다. 군부로부터 명령받아 상해 황군(皇軍) 위안소에 보낼 작부를 모집하러 왔다. 3,000명을 데리고 오라 하는데 지금까지 70명만 쇼와 13년 1월 3일에 나가사키 항에서 육군 군함에 실어 헌병 보호 아래 상해에 보냈다"고 돼 있다.

또 "정보계 순사가 조사해 보니 접대부를 상해에 보낼 때 모집방 법은 무지한 부녀자에게 임금도 좋고(많이 주고), 군인들 위문하는 것

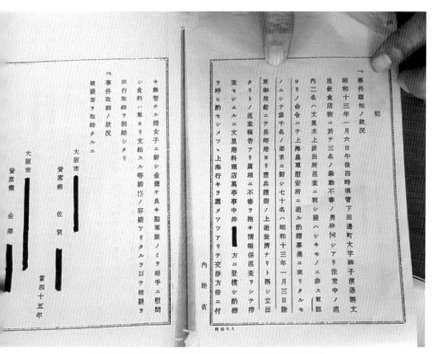

김문길 한일문화연구소장이 공개한 문서(황선윤 기자)

이고, 의식주는 군이 지불한다고 유괴(誘拐)하는 방법으로 모집했다"
고 기록돼있다. 문서에는 거동 수상자 3명의 이름과 신분도 적어놓
았다.

김 소장은 "일본에서도 위안부를 모집할 때 유괴해서 연행한 사건
이 터져 와카야마현 경찰이 거동 이상 남자들이 여성을 유괴하고 있
다고 각 현(縣) 경찰서에 통보한 문서"라고 설명했다.

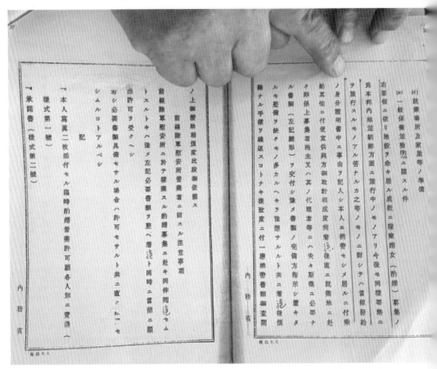

김문길 한일문화연구소장이 공개한 문서(황선윤 기자)

이 내용은 1997년 3월 24일 일본 정부가 발간한 문서집인 '종군
위안부 관계 사료 집성' 제1권 27쪽 등에 있다. 김 소장은 이 문서를

지난 4월 일본의 모 국립대학 도서관에서 지인의 도움을 받아 복사
해 확보했다고 밝혔다. 하지만 대학 이름을 공개하지 않았다. 김 소
장은 부산외대에서 30여 년간 한일관계사를 가르치다 퇴직한 뒤 연
구소를 운영 중이다.

김 소장은 1938년 1월 20일 나가사키 경찰서 외사경찰과장이 와
카야마현 형사과장 앞으로 보낸 문서도 공개했다. 이 문서에는 "작
부 모집을 하기 위해 본국(일본)과 같이 조선국에도 다니고 있다. 금
후 같은 요령으로 다니고 있을 것이니 영사관에서 발급한 증명서를
휴대하도록 하니 승선에 편리를 봐주도록 하라"는 내용이 들어있다.

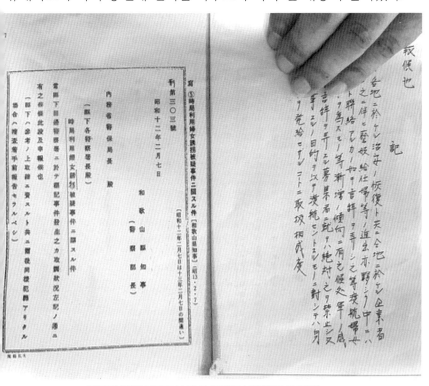

김문길 한일문화연구소장이 공개한 문서(황선윤 기자)

또 "본건(시국 이용 부녀 유괴 피의사건에 관한 건)은 작년 12월 21일 자로 상해에 있는 일본영사관 경찰서장으로부터 나가사키 수상(해양)경찰서장 앞으로 통보가 있었다"고 적어놨다.

김 소장은 "일본이 자국은 물론 조선에서 위안부를 동원하려고 '유괴'라는 방법을 사용했고, 군부와 상해 영사관이 개입한 사실을 알기 전에는 일본 경찰도 위안부 모집과정을 '범죄'로 판단했다는 사실을 알 수 있게 해주는 문서"라고 말했다.

그는 또 "일본이 위안부 동원의 강제성을 부인하고 증거가 없다고 주장하는 것은 후안무치한 언행이 아닐 수 없다. 일본 정부는 과거의 잘못을 솔직하게 인정하고 피해자들에게 사죄해야 한다"고 촉구했다.

위안부 기림일은 1991년 8월 14일 김학순(1924~1997) 할머니가 생전에 최초로 위안부 피해 사실을 증언한 것을 기리기 위해 2012년 12월 일본군 위안부 문제 아시아연대회의가 정한 날이다.

이날을 앞두고 지난 12일 경기도 광주 나눔의 집 부설 일본군 위안부 역사관 야외광장에서 기념행사가 열렸다. 지난 12일 오후 6시 부산 자갈치시장 친수공간에서는 위안부 할머니의 영혼을 달래는 제14회 일본군 위안부 해원상생 한마당 행사가 열렸다. 앞서 지난 10일 경남 창원시 마산합포구 오동동 인권자주평화다짐비 앞에서도 경남 시민단체가 제3회 경남 일본군 위안부 피해자 맞이 시민대회를 열기도 했다. (부산=황선윤 기자 suyohwa@joongang.co.kr)

작성자 : 김상진 등록일 : 2015년 4월 8일

"일본군 위안부 강제연행 증명되나"

앵커

"강제연행은 없었다." 일본 정부 관계자들의 과거사 부정 발언이 갈수록 도를 넘고 있습니다. 이런 가운데 위안부 강제연행에 일본군이 직접 개입됐다는 사료가 발견돼 비상한 관심을 불러일으키고 있습니다. 김상진 기자가 보도합니다.

리포터

일본 아베 정부는 위안부 문제에 있어 강제성은 전혀 없었다고 주장하며 최근 들어서는 위안부 문제를 다룬 교과서들을 퇴출시키고 있습니다.

이런 가운데 일본 군부대가 여성들을 강제연행했음을 증명할 수 있는 사료가 처음으로 발견돼 관심을 끌고 있습니다.

한일문제연구소 김문길 소장이 발견한 이 자료는, 중국 주재 일본군 부대장이 위안부소 경영자를 위해 발급한 증명서입니다. 위안부를 연행해 중국으로 복귀하는 임무를 맡고 있으니 각종 편의를 봐달라는 내용인데, 무엇보다 '연행'이라는 표현이 눈에 뜨입니다.

일본 정부의 주장이 무색하게, 이번 사료는 일본군이 강제연행에 개입한 사실을 증명하고 있습니다.

김문길 한일문화연구소장

부대 부대장이 직접 문서를 만들어서 직인을 찍고, 위안부들을 연행해 와라는 문서는 처음입니다.

강제연행된 여성들의 인적사항은 사인펜 등으로 가려져 알아볼 수가 없는데, 피해보상 등을 막기 위해 고의 훼손했을 가능성도 있습니다.

학생들의 교육은 정확성을 갖춰야 하죠. (일본 정부가) 사실을 숨겨서 교육하는 것은 눈 가리고 아웅 하는 격입니다.

일본 정부가 위안부 강제동원의 진실을 숨기려 애쓰고 있지만, 반박 증거들은 계속해 나오고 있습니다. (KNN 김상진입니다.)

"사료를 찾아내고 알려야 日 주장에 대응할 수 있어"

한국일보 정치섭 기자(2017. 01. 20.)

일제강점기 사료 발굴에 힘쓰고 있는 한일문화연구소 김문길(70) 소장

"한일관계가 정립되려면 역사관을 바로잡는 작업이 필요합니다. 흩어진 사료를 발굴해서 알리는 것이 제 일입니다."

한일문화연구소 김문길(70) 소장은 일제강점기 사료가 있는 곳이라면 일본 현지답사를 불사하는 열정적인 사학자다. 부산외대에서 교수로 30년간 일본사를 가르친 그는 2010년 퇴임 직후 부산 수영구에 한일문화연구소를 만들어 지금껏 왕성한 활동을 펼치고 있다.

최근에는 일본군 보병 11연대 3중대와 7중대가 작성한 '진중일지(陳中日誌)' 일부를 입수해 일반에 공개해 화제를 모았다. 지금껏 '위안소'를 민간인이 운영해 일본 정부의 책임은 없다는 주장을 정면으로 반박하는 내용이 담긴 문서다.

김 소장은 "일지에는 병참에서 지정한 위안소 외 사창가 출입을 금지하고, 위안소에는 출입증을 가진 군인만으로 제한한다고 기록돼 있다"며 "'위안부'에 개입한 문서가 전무하다는 일본의 주장과 달리 관리와 운영을 일본군이 했다는 증거"라고 말했다.

지난해 광복절에는 독도가 경술국치(1910년) 이후 편입됐다는 내용의 시마네현(島根縣) 문서(326호)를 공개했다. 시마네현이 소속 오키섬(隱岐島) 촌장에게 독도 편입 시기와 경위를 묻자 "소화(昭和) 14년(1939년) 4월 24일 편입했다"는 답변을 담고 있다. 그 의미에 대해 김 소장은 "일본은 경술국치 이전인 1905년 시마네현 고시로 독도를 편입했기 때문에 패전 후 한국에 반환한 영토에서 독도는 제외된다는 논리를 폈다"며 "황당한 주장일 뿐이지만 그마저도 자신들의 문서를 통해 반박되는 것"이라고 설명했다.

이 밖에도 김 소장의 활동반경은 상당하다. 강제징용 희생자들을 순직자(순난자)로 표기한 후쿠오카(福岡) 탄광집중촌 다가와(田川)시의 비석을 두고 "일본을 위해 의롭게 희생된 게 아니라 강제로 희생당한 것"이라며 수정을 요구했고, 강제징용의 증거라며 후쿠오카 야마

노(山野) 탄광의 물자명세서를 공개하기도 했다.

자신이 사료 수집에 몰두하는 이유에 대해 김 소장은 "일본을 제대로 알고 대처하자는 의미"라고 설명했다. 반일감정에 덮어놓고 일본 연구를 멀리하면 외교 무대에서 늘 끌려다닐 수밖에 없다는 것이다. 그는 "일본의 보수정당은 국가주의에 대한 향수가 강하다"며 "독도와 '위안부' 등 복잡한 한일문제의 잘못을 외부(한국)로 돌리는 편이 국가주의를 되살리는 데 도움이 된다고 판단하는 것 같다"는 분석을 내놓았다.

김 소장의 바람은 일본의 진정한 반성과 우리 정부의 냉정한 대응이다. "일본에서 강연하면 그들이 좋든 싫든 꼭 하는 말이 있다"고 운을 뗀 그는 "일본이 과거사에 대한 반성이 있어야 새로운 도전, 한일관계를 내다볼 수 있게 된다는 말"이라고 설명했다. 이어 "소녀상 설치에 과민한 일본에 우리 정부가 일일이 반응할 필요는 없다"며 "일시적인 조치에 불과하니 속내를 들여다보고 기다리는 것도 한 방법이다"고 말했다. (부산 정치섭 기자 sun@hankookilbo.com)

"위안부 20명 더…" 일본군 '비밀문서' 내용 경악

중앙일보 김상진 기자(2012. 08. 16)

김문길 부산외대 명예교수, 일 방위성 문서 첫 공개 "보르네오 보낼 50명 대만 도착했다" 군 관여 없었다던 일 주장 거짓 드러나

김문길 부산외대 명예교수

일본군이 위안소 운영에 관여한 사실을 입증하는 일본 육군의 비밀문서가 발견됐다. 한일문화연구소 김문길(67·부산외대 명예교수·사진) 소장은 최근 일본 방위성 사료실에서 발견한 문건을 15일 국내 처음으로 공개했다. '비밀문서 118호(陸亞密電 118號)'로 표시된 이 문서에는 "일본 육군 대만군 참모장이 신청한 '보르네오'의 야전군위안

소에 파견할 특종위안부 50명이 대만에 도착한 사실을 확인하고 20
명을 더 보낸다"는 내용이 기록돼있다. 일본이 태평양전쟁을 도발
한 이듬해인 1942년 6월 13일 일본 육군성 부관이 일본 육군 대만
군 참모장에게 보낸 것으로 표시돼 있다. 그동안 "위안소 운영에 군
기 관여한 사실이 없다"던 일본의 주장이 거짓임을 보여 주는 문서
인 것이다.

문서에선 "일본 육군 대만군 참모장의 특종위안부 50명이 대만에
도착했으나 인원이 부족하다는 요청에 따라 오카부대(岡部隊) 인솔증
을 발급받아 위안부 20명을 증원, 파견한다"고 적혀 있다. 또 "앞으
로 이 종류(위안부)의 보충이 필요할 경우 이와 같이 처리하기 바란다"
는 내용도 있다. 대만 외에도 동남아 지역에 위안부가 두루 파견됐
음을 추정케 한다.

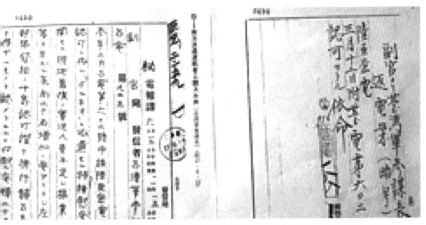

일본 육군이 위안소 운영에 직접 관여한 내용이 기록된 비밀 문건(사진 한일문화연구소)

김 소장은 대마도를 한국 땅으로 표기한 일본 고지도를 2009년

찾아내는 등 한·일 관계의 진실을 입증하는 노력을 벌여왔다. 그는 본지와의 전화 통화에서 "지난 5월 일본에 머물며 일본국회도서관과 일본 방위성 사료실을 한 달간 뒤졌다"면서 "야전군에 특종위안부를 파견한 비밀문건 자료가 일본 방위성 사료집(陸亞密大日記)과 '여성을 위한 아시아평화국민기금' 집성(97년간)에 수록된 사실을 확인한 끝에 이 문서를 찾아낼 수 있었다"고 설명했다.

김 소장은 "일본 방위성 사료실 등은 한국인이 출입하기 매우 힘든 곳"이라면서 "일본 문부과학성 부설 일본국제문화연구센터에서 일본 학자들과 함께 일본 역사 관련 프로젝트를 해온 덕에 출입 허가를 받을 수 있었다"고 밝혔다. 그는 "사료실에서 자료를 직접 복사해서 가지고 나왔다"고 말했다. 문서의 진위 가능성에 대해 "문부성 사료실에 보관된 자료이고 엄연히 문서 번호와 도장이 찍혀있는 만큼 문서는 절대 가짜가 아니다"고 주장했다. 그는 "매년 몇 달씩 일본에 머물며 고문서를 뒤지고 있다"면서 "한·일 관계의 진실을 밝히는 노력을 해오다 보니 일본 측에서도 항의를 많이 받고 있다"고 덧붙였다.

일본은 그간 "위안소 운영에 군이 관여한 사실이 없다"고 부인해왔다. 90년대 일부 인정하기도 했으나 '피해자 배상청구권은 65년 한·일 청구권협정으로 해결됐다'며 법적 책임을 거부했다. 최근에는 군의 위안부 관여 자체를 부인하고 있다. 일본군 위안부는 최대 40만 명으로 추정되며 한국인 여성은 10만~20만 명이었던 것으로 전해지고 있다. (김상진 기자 daedan@joongang.co.kr)

위안부 의복 2점 보존처리
"일제 강제동원 희생의 기억 되살려"

경제뉴스 머니S 장영락 기자(2017. 08. 02)

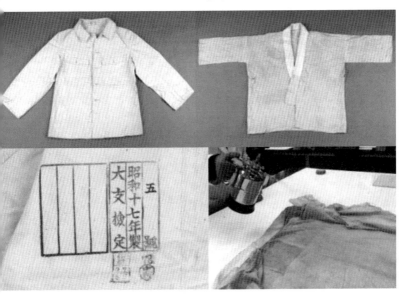

자료 : 국가기록원

행정안전부 국가기록원은 국립일제강제동원역사관에서 보존처리를 의뢰한 위안소 수습 의복 2점에 대한 인계식을 2일 대통령기록관에서 가졌다.

국립일제강제동원역사관이 의뢰한 위안소 수습 의복은 일본 나라현 야나기모토 해군비행장 내 위안소에서 발견된 것으로, 김문길 한일문화연구소 소장이 2007년 수습해 국립일제강제동원역사관에

2016년 기증한 기록물이다.

역사관은 지난 2월 국가기록원에 보존처리를 의뢰했다. 보존처리 의뢰된 위안소 수습 의복은 상의 2점으로, 작업복 1점과 일본식 속 옷 1점이다. 작업복 재질은 면으로 작업복 안쪽에는 당시 검정인이 색인(1942, 오사카지창 검정)됐다.

제작 규격 및 검정인을 조사한 결과, 일본 육군피복청에서 제작 배포한 일본정부간행물 '육군피복품사양집 부록'에 실린 작업복(1종과 도안 및 표기법이 일치했다.

일본식 속옷 몸통 재질은 면, 깃은 레이온이 사용됐다. 길이와 겨 드랑이 구멍, 전체적인 패턴, 색을 입히지 않은 천 등으로 보아 일본 식 짧은 속옷의 일종인 '한쥬반'으로 추정된다.

국가기록원은 국립일제강제동원역사관이 의뢰 시 요청한 의견(당 시 시대상을 알 수 있도록 최소한의 보존처리 요구)에 따라 오염 및 먼지, 구김 올 풀림 등 훼손된 의복에 최소한의 보존처리를 했다. 건·습식 클리 닝을 통한 얼룩 세척, 주름 제거, 올 풀림 방지 등 제한된 범위의 보 존처리를 지난 2월부터 7월 말까지 5개월에 걸쳐 완료했다.

국립일제강제동원역사관은 보존처리가 완료된 위안소 수습 의복 을 세계위안부의 날(8. 14) 및 광복절(8. 15) 등을 기념한 관련 전시 등 에 적극 활용할 계획이다.

이상진 국가기록원장은 "이번 위안소 수습 의복 보존처리를 통해 잊혀져 가는 일제 강제동원 피해의 아픔과 희생의 기억을 되살리는 데 조금이나마 기여하게 된 점을 뜻깊게 생각한다"며, "국가기록원 은 대일 항쟁기 증거 기록물의 안전한 후대 전승을 위해 적극적으로 노력하겠다"고 말했다.